2024年度版

AML／CFT

スタンダードコース

試験問題集

一般社団法人 金融財政事情研究会

◇はじめに◇

本書は、金融業務能力検定「AML／CFTスタンダードコース」試験の受験者の学習の利便を図るためにまとめた、試験問題集です。

「AML／CFT」とは、一般的になじみのない用語かもしれませんが、「Anti Money Laundering／Countering（Combating）the Financing of Terrorism：マネー・ローンダリングおよびテロ資金供与対策」を意味します（以下、「マネロン・テロ資金供与対策」といいます）。

国際的なテロの脅威が増す中、犯罪やテロ行為につながる資金を断つことは、国際社会の喫緊の課題であり、マネロン・テロ資金供与対策の重要性はこれまで以上に高まっています。日本の金融機関等においては、過去にマネロン・テロ資金供与対策の不備から、海外送金ネットワークからの退出などを命じられた事例が発生しており、また、近年では地域金融機関等においてもマネロン・テロ資金供与に係る重大な事案が発生していることから、マネロン・テロ資金供与対策を、法令上の規定を遵守するにとどまらず、広く経営上の問題に発展しうる「リスク管理上の課題」として捉え、対応を進めることが望まれています。

なお、2021年８月には、マネロン・テロ資金供与対策に係る国際的な政府間会合組織であるFATF（Financial Action Task Force：金融活動作業部会）が第４次対日相互審査報告を公表しましたが、日本は通常フォローアップには届かない強化フォローアップ国となりました。

以上のような現状に対応するため、本書を効果的に活用し、「AML／CFTスタンダードコース」試験に合格されるとともに、マネロン・テロ資金供与対策において国際社会から望まれる金融機関およびその役職員となることを期待しています。

2024年６月

一般社団法人　金融財政事情研究会

検定センター

◇◇目　次◇◇

第１章　金融犯罪

1－1　マネー・ローンダリングとは① …… 2
1－2　マネー・ローンダリングとは② …… 3
1－3　日本におけるマネー・ローンダリング対策の現状等① …… 5
1－4　日本におけるマネー・ローンダリング対策の現状等② …… 7
1－5　犯罪収益移転危険度調査書とは …… 8
1－6　マネー・ローンダリング事犯の検挙事例 …… 9
1－7　犯罪による収益の移転に利用される危険性が認められる取引 …… 10
1－8　犯罪による収益移転の危険性が認められる商品・サービス …… 12
1－9　犯罪による収益の移転に悪用することが困難な取引 …… 13
1－10　顧客の属性におけるマネロン・テロ資金供与の危険度 …… 15
1－11　テロ資金供与および新たな脅威に対する国際的な取組み① …… 16
1－12　テロ資金供与および新たな脅威に対する国際的な取組み② …… 18
1－13　反社会的勢力対策とマネー・ローンダリング対策の関係 …… 19
1－14　反社会的勢力等に関連する法律・指針等 …… 20

第２章　FATF

2－1　FATFとは …… 24
2－2　FATFと類似する国際組織 …… 25

2－3　FATF勧告の変遷 …………………………………… 26
2－4　FATF「新40の勧告」(第4次勧告) ………………… 28
2－5　FATF第3次対日相互審査の結果および
フォローアップ手続 ………………………………… 30
2－6　FATF第3次対日相互審査に係る「報告書概要」……… 32
2－7　金融機関等がFATFの基準を守らない場合の影響 ……… 34
2－8　FATF対応が不十分な場合に日本が負うリスク ………… 35
2－9　日本におけるFATF対応 ………………………………… 36
2－10　FATF第4次相互審査 ………………………………… 37
2－11　FATF第4次対日相互審査 …………………………… 38
2－12　FATF第4次対日相互審査で導入された
「有効性評価（有効性審査)」 …………………………… 40
2－13　有効性評価（有効性審査）における「11の直接的な効果」
……………………………………………………………… 42
2－14　FATF 第4次対日相互審査の結果① ………………… 44
2－15　FATF 第4次対日相互審査の結果② ………………… 45

第3章　国内法規制等

3－1　犯罪収益移転防止法等① …………………………… 48
3－2　犯罪収益移転防止法等② …………………………… 50
3－3　国際テロリスト財産凍結法 ………………………… 52
3－4　テロ資金提供処罰法 ………………………………… 53
3－5　テロ等準備罪 ………………………………………… 54
3－6　国際組織犯罪防止条約 ……………………………… 55

3－7　外為法 …… 56
3－8　マネロン・テロ資金供与対策に係る国内法規制 …… 59
3－9　金融庁によるマネロン・テロ資金供与対策への取組み … 60
3－10　金融庁による金融機関等に対するモニタリング …… 62
3－11　金融庁ガイドライン① …… 63
3－12　金融庁ガイドライン② …… 64

第４章　リスクベース・アプローチ
4－1　リスクベース・アプローチの枠組み …… 66
4－2　リスクベース・アプローチの３要素 …… 67
4－3　FATFにおけるリスクベース・アプローチ …… 68
4－4　金融庁ガイドラインにおけるリスクベース・アプローチ …… 70
4－5　国際的なリスクベース・アプローチの要請を踏まえた犯罪収益移転防止法等の規定 …… 71
4－6　リスクの特定において対応が求められる事項 …… 72
4－7　リスクの特定において考慮すべき事項 …… 74
4－8　リスクの評価において対応が求められる事項 …… 75
4－9　リスクの評価において考慮すべき事項 …… 76
4－10　リスクの低減において対応が求められる事項 …… 77
4－11　リスクの低減措置としての「顧客管理（CDD）」① …… 78
4－12　リスクの低減措置としての「顧客管理（CDD）」② …… 79
4－13　リスクの低減措置としての「顧客管理（CDD）」③ …… 82

4－14 リスクの低減措置としての「取引モニタリング・フィルタリング」 …… 84
4－15 リスクの低減措置としての「記録の保存」 …… 86
4－16 リスクの低減措置としての「ITシステムの活用」 …… 87
4－17 リスクの低減措置としての「データ管理」 …… 89
4－18 リスクの低減措置としての「FinTech等の活用」 …… 91
4－19 海外送金等を行う場合の留意点 …… 92
4－20 海外送金等を行う場合の実務対応 …… 94
4－21 金融機関等における送金取引等についての確認事項等 …… 96
4－22 特定事業者作成書面等① …… 98
4－23 特定事業者作成書面等② …… 99

第５章　管理態勢

5－1 マネロン・テロ資金供与対策に係る管理態勢 …… 102
5－2 マネロン・テロ資金供与対策に係る方針・手続・計画等の策定・実施・検証・見直し（PDCA） …… 103
5－3 マネロン・テロ資金供与対策に係る経営陣の関与・理解① …… 105
5－4 マネロン・テロ資金供与対策に係る経営陣の関与・理解② …… 107
5－5 マネロン・テロ資金供与対策に係る経営管理（３つの防衛線） …… 109
5－6 マネロン・テロ資金供与対策に係る経営管理（第１の防衛線） …… 110

5 − 7　マネロン・テロ資金供与対策に係る経営管理（第２の防衛線）…… 111
5 − 8　マネロン・テロ資金供与対策に係る経営管理（第３の防衛線）…… 112
5 − 9　マネロン・テロ資金供与対策に係るグループベースの管理態勢①…… 114
5 −10　マネロン・テロ資金供与対策に係るグループベースの管理態勢②…… 116
5 −11　マネロン・テロ資金供与対策に係る職員の確保・育成…… 119
5 −12　確認記録の記載事項に関する態勢整備…… 121
5 −13　取引記録等に関する態勢整備…… 122

第６章　顧客管理

6 − 1　顧客管理における特定取引…… 124
6 − 2　顧客管理における取引時確認義務（自然人との取引）… 126
6 − 3　顧客管理における取引時確認義務（法人との取引）…… 128
6 − 4　顧客管理における取引時確認義務（取引時確認済みの顧客）…… 130
6 − 5　顧客管理における本人特定事項の確認方法…… 132
6 − 6　顧客管理措置…… 134
6 − 7　顧客管理措置における内部管理態勢の整備①…… 135
6 − 8　顧客管理措置における内部管理態勢の整備②…… 137
6 − 9　顧客管理措置における内部管理態勢の整備③…… 139

6 − 10　外国PEPsの顧客管理①　…… 141
6 − 11　外国PEPsの顧客管理②　…… 143
6 − 12　実質的支配者の顧客管理①　…… 144
6 − 13　実質的支配者の顧客管理②　…… 145
6 − 14　実質的支配者の顧客管理③　…… 146
6 − 15　顧客管理の実務事例（取引目的や職業に虚偽の疑いがある場合）　…… 148
6 − 16　顧客管理の実務事例（外国人顧客の本人確認）　…… 150
6 − 17　顧客管理の実務事例（外国PEPsの確認）　…… 152
6 − 18　顧客管理の実務事例（なりすましが疑われる顧客との取引）　…… 153

第７章　疑わしい取引

7 − 1　疑わしい取引の届出制度　…… 156
7 − 2　疑わしい取引の届出の実務　…… 158
7 − 3　疑わしい取引に関する情報の活用　…… 159
7 − 4　国の捜査機関等による疑わしい取引に関する情報の活用　…… 160
7 − 5　疑わしい取引の届出状況　…… 161
7 − 6　組織的犯罪処罰法　…… 162
7 − 7　疑わしい取引の届出の対象となる可能性のある行為　… 164
7 − 8　疑わしい取引の届出の判断等　…… 165
7 − 9　金融庁ガイドラインにおける疑わしい取引の届出①　… 167
7 − 10　金融庁ガイドラインにおける疑わしい取引の届出②　… 168

7－11　疑わしい取引の参考事例（預金取扱い金融機関の現金の使用形態に着目した事例）……169
7－12　疑わしい取引の参考事例（保険会社の現金の使用形態に着目した事例）……171
7－13　疑わしい取引の参考事例（真の口座保有者を隠匿している可能性に着目した事例）……173
7－14　疑わしい取引の参考事例（真の取引者を隠匿している可能性に着目した事例）……175
7－15　疑わしい取引の参考事例（口座の利用形態に着目した事例）……177
7－16　疑わしい取引の参考事例（外国との取引に着目した事例）……179
7－17　疑わしい取引の参考事例（保険商品の販売等）……181
7－18　疑わしい取引の参考事例（投資商品の販売等）……183
7－19　疑わしい取引の参考事例（有価証券の発行関連業務に着目した事例）……185
7－20　疑わしい取引の参考事例（その他の事例①）……187
7－21　疑わしい取引の参考事例（その他の事例②）……190
7－22　疑わしい取引の参考事例（その他の事例③）……192

〈法令基準日〉

本書は、問題文に特に指示のない限り、2024年7月1日（基準日）現在施行の法令等に基づくものとします。

◇CBTとは◇

CBT（Computer-Based Testing）とは、コンピュータを使用して実施する試験の総称で、パソコンに表示された試験問題にマウスやキーボードを使って解答します。金融業務能力検定は、一般社団法人金融財政事情研究会が、株式会社シー・ビー・ティ・ソリューションズの試験システムを利用して実施する試験です。CBTは、受験日時・テストセンター（受験会場）を受験者自らが指定できるとともに、試験終了後、その場で試験結果（合否）を知ることができるなどの特長があります。

本書に訂正等がある場合には、下記ウェブサイトに掲載いたします。
https://www.kinzai.jp/seigo/

〈凡　例〉

金融庁ガイドライン	：マネー・ローンダリング及びテロ資金供与対策に関するガイドライン
ガイドラインFAQ	：マネロン・テロ資金供与対策ガイドラインに関するよくあるご質問（FAQ）
組織的犯罪処罰法	：組織的な犯罪の処罰及び犯罪収益の規制等に関する法律
犯罪収益移転防止法等	：犯罪による収益の移転防止に関する法律、犯罪による収益の移転防止に関する法律施行規則、犯罪による収益の移転防止に関する法律施行令、犯罪による収益の移転防止に関する法律の規定に基づく事務の実施に関する規則、犯罪による収益の移転防止に関する法律の一部を改正する法律の施行に伴う関係政令の整備等及び経過措置に関する政令
FATF	：金融活動作業部会（Financial Action Task Force）
マネロン・テロ資金供与	：マネー・ローンダリングおよびテロ資金供与

「AML／CFTスタンダードコース」試験概要

マネロン・テロ資金供与対策において、第１の防衛線として対応が望まれる金融機関等の統括管理者等や窓口担当者が知っておくべき、管理態勢や顧客管理、国内法規制等について、その理解度を測ることを目的とする検定試験です。

■受験日・受験予約　通年実施。受験者ご自身が予約した日時・テストセンター（https://cbt-s.com/testcenter/）で受験していただきます。
受験予約は受験希望日の３日前まで可能ですが、テストセンターにより予約可能な状況は異なります。

■試験の対象者　銀行等預金取扱金融機関の本部担当者および営業店の管理者、窓口担当者等
※受験資格は特にありません

■試験の範囲　１．金融犯罪　２．FATF　３．国内法規制等
４．リスクベース・アプローチ　５．管理態勢
６．顧客管理　７．疑わしい取引

■試験時間　100分　試験開始前に操作方法等の案内があります。

■出題形式　四答択一式50問

■合格基準　100点満点で70点以上

■受験手数料（税込）　5,500円

■法令基準日　原則として、2024年７月１日現在で施行されている法令等に基づいて出題されます。

■合格発表　試験終了後、その場で合否に係るスコアレポートが手交されます。合格者は、試験日の翌日以後、「AML／CFTスタンダード（アンチマネロン・スタンダード）®」の認定証をマイページからPDF形式で出力できます。

■持込み品　携帯電話、筆記用具、計算機、参考書および六法等を含め、自席（パソコンブース）への私物の持込みは認められていません。テストセンターに設置されている鍵付きのロッカー等に保管していただきます。メモ用紙・筆記用具はテストセンターで貸し出されます。

■受験教材等　・本書
・通信教育講座「Q&A営業店のマネー・ローンダリング対策実践講座」

■受験申込の変更・キャンセル	受験申込の変更・キャンセルは、受験日の3日前までマイページより行うことができます。受験日の2日前からは、受験申込の変更・キャンセルはいっさいできません。
■受験可能期間	受験可能期間は、受験申込日の3日後から当初受験申込日の1年後までとなります。受験可能期間中に受験（またはキャンセル）しないと、欠席となります。

※金融業務能力検定・サステナビリティ検定の最新情報は、一般社団法人金融財政事情研究会のWebサイト（https://www.kinzai.or.jp/kentei/news-kentei）でご確認ください。

第1章

金融犯罪

1－1　マネー・ローンダリングとは①

《問》マネー・ローンダリング（資金洗浄）に関する次の記述のうち、最も適切なものはどれか。

1）マネー・ローンダリングとは、犯罪によって得た収益について、その出所や真の所有者をわからないようにして捜査機関からの発見や検挙を逃れようとする行為をいう。

2）マネー・ローンダリングとは、プレースメント、レイヤリング、インテグレーションの３段階に分類することができ、一般に、３段階のすべてが実行・完了した段階で、マネー・ローンダリング行為が成立する。

3）金融機関等に要請されている、預貯金口座開設時等の「取引時確認」は、主にインテグレーション防止のために有効な施策である。

4）犯罪行為で得た資金を金融商品や不動産等に形態を変えたり、金融口座を転々とさせたりして出所を隠す行為は、プレースメントと呼ばれ、マネー・ローンダリング行為の１つとされる。

・解説と解答・

1）適切である。

2）不適切である。「プレースメント」「レイヤリング」「インテグレーション」のいずれの段階の行為もマネー・ローンダリングとされる。

3）不適切である。預貯金口座開設時等の取引時確認は、主にプレースメント防止のために行われる。一般に、「プレースメント」とは、非合法的な行為によって得た収益が金融口座に入金される段階をいい、「レイヤリング」とは、送金や商品への変換・換金等を繰り返すことで、資金の出所や流れをわかりにくくする段階をいう。上記の段階を経て、最終的に合法的な取引を通じて資金が入出金される過程は「インテグレーション」と呼ばれる。レイヤリング以後になると、金銭や資産の経路を追跡することが困難となるため、プレースメント段階で防止することがマネー・ローンダリング対策として一番効果的な施策である。

4）不適切である。犯罪行為で得た資金を金融商品や不動産等に形態を変えたり、金融口座を転々とさせたりする行為は、レイヤリングと呼ばれる。

正解　１）

1－2　マネー・ローンダリングとは②

《問》マネー・ローンダリング（資金洗浄）に関する次の記述のうち、最も適切なものはどれか。

1）金融庁ガイドラインでは、金融機関等に対し、マネロン・テロ資金供与リスク管理態勢の構築・維持にあたって、管理部門を中心とした法令違反等の有無を形式的にチェックすることを求めている。

2）金融機関等以外の取引がマネー・ローンダリングに活用されるなど、手口の巧妙化が進んでいることを背景に、金融機関等以外の指定非金融業者（不動産業者、貴金属販売業者）や職業専門家（法律家、医師）にも、一定の取引における顧客管理義務を適用することがFATF勧告において定められている。

3）FATFが2012年に策定した「新40の勧告」（第4次勧告）では、法人の実質所有者等に関する情報やFinTechに関する基準の厳格化などが盛り込まれており、複雑化・巧妙化するマネー・ローンダリングへの対策が強化されている。

4）日本では、資金決済に関する法律（資金決済法）の改正により、暗号資産交換業者の登録制が導入されるとともに、犯罪収益移転防止法等が改正され、暗号資産交換業者が特定事業者に含まれることとなった。

・解説と解答・

1）不適切である。金融庁ガイドラインの「Ⅰ　基本的考え方」「Ⅰ－2　金融機関等に求められる取組み」では、「金融機関等においても、管理態勢の構築・維持に当たって、関係法令や本ガイドライン等を遵守することのみを重視し、管理部門を中心として法令違反等の有無のみを形式的にチェックすることとならないよう留意し、関係法令や本ガイドライン等の趣旨を踏まえた実質的な対応を行うこと」を求めている。

2）不適切である。FATF勧告では、「指定非金融業者及び職業専門家(DNFBPs)」として、以下の職種を挙げているが、職業専門家の範囲に「医師」は含まれていない。

・不動産業者（顧客のための不動産売買の取引に関与する場合）
・貴金属商および宝石商（顧客と一定の基準額以上の現金取引に従事する

場合）
- 弁護士、公証人、他の独立法律専門家および会計士（顧客のために「銀行口座、貯蓄口座または証券口座の管理」「会社の設立、運営または管理のための出資のとりまとめ」等をする場合）
- トラスト・アンド・カンパニー・サービス・プロバイダー（顧客のために、法人の設立代理人として行動する場合等）

3）不適切である。FATFが2012年に策定した「新40の勧告」（第4次勧告）には、FinTechに関する基準の厳格化は盛り込まれていない。

4）適切である。

正解　4）

1－3　日本におけるマネー・ローンダリング対策の現状等①

《問》日本におけるマネー・ローンダリング対策の現状等に関する次の記述のうち、最も適切なものはどれか。

1）FIU（資金情報機関）とは、日本においてマネー・ローンダリング情報等を専門に収集・分析・提供する機関であり、従来は国家公安委員会に設置されていたが、現在は金融庁にその機能が移管されている。

2）組織的犯罪集団やテロリストであっても、合法的な事業活動を行っている限り、その活動が問題となることはない。

3）マネー・ローンダリング対策は、当初、薬物取引を取り締まるためのものであったが、組織犯罪の国際的な広がりに伴い、現在では、重大犯罪から得た収益の隠匿を防止するための対策としても位置付けられている。

4）一般に、日本は現金の使用率が他国と比べて高く、口座保有率も高い傾向にあるため、マネー・ローンダリングに悪用されやすい要素はあるが、海外支店を有していない金融機関等にとっては大きなリスクではない。

・解説と解答・

1）不適切である。FIU（Financial Intelligence Unit：資金情報機関）とは、マネー・ローンダリングやテロ資金に係る情報を一元的に収集・分析し、捜査機関等に提供する政府機関であり、従来、こうした機能は金融庁に設置されていたが、現在では国家公安委員会に移管されている。FIUに関する業務は、国家公安委員会に設置されている「犯罪収益移転防止対策室(JAFIC)」が担っており、2024年2月末現在、116の国・地域との間で、マネロン・テロ資金供与対策に係る情報交換の枠組みを設定するための当局間文書に署名を行っている。国境を越えた組織犯罪や国際テロリズム等の脅威に対応するためには、FIU当局間における情報共有、国際協調が重要な課題となっており、FIU間において情報交換を推進することが国際的な合意となっている。

2）不適切である。組織的犯罪集団やテロリストが合法的な事業活動を行っていたとしても、その資金が不法な収益である場合も考えられるため、その活動には注視する必要がある。

3）適切である。

4）不適切である。2017年には海外の詐欺犯罪グループが海外から日本国内の金融機関等に犯罪による収益を送金し、当該詐欺犯罪グループの日本人協力者が加担したマネー・ローンダリング事犯が起きており、その際、ターゲットとなった金融機関は地域金融機関等であったため、海外支店の有無に限らず、マネー・ローンダリング対策は必要である。

正解　3）

１－４　日本におけるマネー・ローンダリング対策の現状等②

《問》日本におけるマネー・ローンダリング対策の現状等に関する次の記述のうち、最も不適切なものはどれか。

1）日本では、犯罪収益移転防止法等において、取引時確認等のマネロン・テロ資金供与対策に係る基本的な事項が規定されている。

2）日本において銀行法や保険業法、金融商品取引法等の免許や登録を受けて業務を行う金融機関等は、犯罪収益移転防止法上、「特定役務提供事業者」に該当する。

3）日本の金融機関等が講ずべきマネロン・テロ資金供与対策は、変化する国際情勢や他の金融機関等の動向に機動的に対応し、リスク管理態勢を有効性のある形で維持していく必要がある。

4）日本の金融機関等におけるマネロン・テロ資金供与対策の管理態勢の構築にあたっては、マネロン・テロ資金供与対策が金融機関等の経営上重大なリスクになりうると認識し、経営陣が管理のためのガバナンス確立等について主導性を発揮するなどして、関与することが不可欠である。

・解説と解答・

1）適切である。

2）不適切である。銀行法や保険業法、金融商品取引法等の免許や登録等を受けて業務を行う金融機関等は、犯罪収益移転防止法等における「特定事業者」に該当する（同法２条２項）。

3）適切である。

4）適切である。

正解　2）

1－5　犯罪収益移転危険度調査書とは

《問》犯罪収益移転危険度調査書に関する次の記述のうち、最も不適切なものはどれか。

1）犯罪収益移転危険度調査書は、犯罪収益移転防止法等を根拠に国家公安委員会が毎年作成する調査書である。

2）犯罪収益移転危険度調査書は、特定事業者が行う取引の種別ごとの犯罪による収益の移転の危険性の程度やその他の調査結果などが記載されている。

3）犯罪収益移転危険度調査書は、マネロン・テロ資金供与への対策上の欠陥があり、対抗措置の適用が要請される国・地域として、イラン、北朝鮮、ミャンマーの３カ国を、2023年の調査書で挙げている。

4）犯罪収益移転危険度調査書は、金融機関等が疑わしい取引の該当性の判断を行う際、または、マネロン・テロ資金供与対策を実施する際に参考となることを目的として公表されている。

・解説と解答・

1）適切である。

2）適切である。

3）不適切である。「令和５年 犯罪収益移転危険度調査書」では、マネロン・テロ資金供与対策上の欠陥がある国・地域として北朝鮮を挙げており、FATFから全加盟国およびその他の国・地域に対し、対抗措置の適用を要請している。また、イランについても、全加盟国およびその他の国・地域に対し、対抗措置の適用を要請している。なお、ミャンマーに関しては、FATFは、2022年10月の声明で、ミャンマーが資金洗浄・テロ資金供与対策上、重大な欠陥への対処が進展していないこと等を踏まえ、すべての加盟国およびその他の国・地域に対し、ミャンマーから生ずるリスクに見合った厳格な顧客管理措置を適用することを要請している（対抗措置の適用の要請には至っていない）。

4）適切である。

正解　3）

1－6　マネー・ローンダリング事犯の検挙事例

《問》「令和5年 犯罪収益移転危険度調査書」における、マネー・ローンダリング事犯の検挙事例に関する次の記述のうち、最も適切なものはどれか。

1）検挙されたマネー・ローンダリング事犯を検証すると、日本では、マネー・ローンダリング等を企図する者が、迅速かつ確実な資金移動が可能な「小切手」を通じて、架空・他人名義の口座に犯罪収益を振り込む事例が多く認められている。

2）2020年から2022年までのマネー・ローンダリング事犯の検挙事例において、検挙の前提となった犯罪別の検挙事件数のなかで最も多かった犯罪は「詐欺」である。

3）マネー・ローンダリングを実行する主体はさまざまであるが、主な犯罪主体としては「暴力団」「特殊詐欺の犯行グループ」「来日外国人犯罪グループ」が挙げられている。

4）2020年から2022年までのマネー・ローンダリング事犯の検挙事例において、最も多く悪用された金融取引は「外国為替取引」であり、次いで多く悪用された取引は「預金取引」である。

・解説と解答・

1）不適切である。日本では、犯罪収益の移転を企図する者が、迅速かつ確実な資金移動が可能な「内国為替取引」を通じて、架空・他人名義の口座に犯罪収益を振り込む事例が多く認められている。

2）不適切である。2020年から2022年までのマネー・ローンダリング事犯の検挙事例において、検挙の前提となった犯罪別の検挙事件数のなかで最も多かった犯罪は窃盗（701件）であり、全体の検挙件数の34.7％を占めている。次いで多い犯罪は詐欺（691件）であり、電子計算機使用詐欺（220件）、出資法・貸金業法違反（67件）と続く。

3）適切である。

4）不適切である。2020年から2022年までのマネー・ローンダリング事犯の検挙事例において、最も多く悪用された金融取引は内国為替取引（584件）であり、次いで現金取引（297件）、預金取引（160件）と続く。

正解　3）

1－7　犯罪による収益の移転に利用される危険性が認められる取引

《問》「令和５年 犯罪収益移転危険度調査書」における、犯罪による収益の移転に利用される危険性が認められる取引に関する次の記述のうち、最も適切なものはどれか。

1）外国で発生した詐欺事件の収益が日本国内の預貯金口座に送金され、正当な事業収益であるように装って払戻しをする取引は、犯罪による収益の移転に利用される危険性が認められる取引事例である。

2）犯罪収益移転防止法等で定められる、取引金額が200万円を超える無記名の公社債の本券または利札を担保に提供する取引は、犯罪による収益の移転に利用される危険性が認められる取引事例である。

3）犯罪収益移転防止法等で定められる、電気やガス、水道水の料金を現金で支払う取引は、犯罪による収益の移転に利用される危険性が認められる取引事例である。

4）取引金額が規制の敷居値を下回る１回限りの取引は、犯罪による収益の移転に利用される危険性が認められる取引事例である。

・解説と解答・

1）適切である。

2）不適切である。犯罪収益移転防止法施行規則４条１項７号イで定められた、「取引金額が200万円を超える無記名の公社債の本券又は利札を担保に提供する取引」は、危険度を低下させる要因を有する具体的な取引の種別に該当するため、犯罪による収益の移転に利用される危険性は低い取引である。

3）不適切である。犯罪収益移転防止法施行規則４条１項７号ハで定められた、「電気、ガス又は水道水の料金の現金での支払」は、危険度を低下させる要因を有する具体的な取引の種別に該当するため、犯罪による収益の移転に利用される危険性は低い取引である。

4）不適切である。取引金額が規制の敷居値を下回る取引は、犯罪による収益の移転に利用される危険性を低下させる要因を有する具体的な取引の種別に該当する。なお、１回の取引をあえて複数取引に分割して行うことにより、当該1回の取引金額が形式的に敷居値を下回った場合、当該行為は、脱法的に規制を免れるためのもの（ストラクチャリング）であると考えられ、犯罪による収益の移転に利用される危険度は高くなる。その他、以下のような取引が「危険度を低下させる要因を有する具体的な取引」であるが、いずれの場合も顧客等が他人になりすましている疑いがある場合や取引時確認に係る事項を偽っていた疑いがある場合は、危険性が低いとは認められない。

・金銭信託等における一定の取引（犯罪収益移転防止法施行規則4条1項1号）
・払戻総額が保険料払込総額の8割未満の保険の満期保険金等の支払（同法施行規則4条1項3号イ）
・有価証券市場（取引所）等において行われる有価証券の売買等（同法施行規則4条1項4号）
・小学校、中学校、高等学校、大学等に対する入学金、授業料等の支払（同法施行規則4条1項7号ニ）
・任意後見契約の締結（同法施行規則4条3項1号）
・預貯金の受払いを目的とした200万円以下の為替取引等（同法施行規則4条1項7号ホ）
・為替取引を伴う200万円以下の商品代金等の現金による受払いをする取引のうち、支払を受ける者が支払を行う者について、特定事業者の例に準じた取引時確認等をしたもの（同法施行規則4条1項7号へ）

正解　1）

1－8　犯罪による収益移転の危険性が認められる商品・サービス

《問》「令和５年 犯罪収益移転危険度調査書」における、犯罪による収益の移転に利用される危険性が認められる商品・サービスに関する次の記述のうち、最も不適切なものはどれか。

1）預金取扱金融機関等が取り扱う「貸金庫」は、犯罪による収益の移転を企図する者が架空・他人名義による貸金庫の賃貸借契約により、真の利用者を隠匿しつつ当該収益の物理的な保管手段として悪用することが可能であるため、犯罪による収益の移転に利用される危険性が認められる商品・サービスである。

2）保険会社等が取り扱う「蓄財性を有する商品」は、契約満了前の中途解約により高い解約返戻金が支払われる場合があり、犯罪収益を即時または繰延資産とすることが可能であるため、犯罪による収益の移転に利用される危険性が認められる商品・サービスである。

3）宅地建物取引業者が取り扱う「不動産」は、多額の現金との交換を行うことができるほか、通常の価格に上乗せして対価を支払うなどの方法により犯罪収益を移転することができるため、犯罪による収益の移転に利用される危険性が認められる商品・サービスである。

4）ファイナンスリース事業者が取り扱う「ファイナンスリース」は、賃借人と販売者が共謀して実態のない取引を行うことが可能なため、賃貸人が１回に受け取る賃貸料の額にかかわらず、犯罪による収益の移転に利用される危険性が認められる商品・サービスである。

・解説と解答・

1）適切である。

2）適切である。

3）適切である。

4）不適切である。ファイナンスリース取引のうち、犯罪収益移転防止法施行規則４条１項10号で定める「賃貸人が賃貸を受ける者から１回に受け取る賃貸料の額が10万円以下」の取引は、「取引金額が規制の敷居値を下回る取引」に該当することから、その危険性は低いと認められる。

正解　4）

１－９　犯罪による収益の移転に悪用することが困難な取引

《問》「令和５年 犯罪収益移転危険度調査書」における、犯罪による収益の移転に悪用することが困難な取引に関する次の記述のうち、最も不適切なものはどれか。

1）法令等により取引を行うことができる顧客等が限定されている取引は、犯罪による収益の移転を企図する者が取引に参加することが難しいことから、犯罪による収益の移転に悪用することが困難な取引といえる。

2）外国の重要な公的地位を有する者（外国PEPs）と行う取引は、本人特定事項等の確認および資産の移動状況の把握等が容易である性質を有することから、犯罪による収益の移転に悪用することが困難な取引といえる。

3）顧客の本人性を確認する手段が法令等で担保されている取引は、顧客の本人性が明らかであり、資金に関する事後追跡の可能性が担保されていることから、犯罪による収益の移転に悪用することが困難な取引といえる。

4）取引を行うに際して、国への届出や国による承認が必要となる取引は、国による監督が行われることから、犯罪による収益の移転に悪用することが困難な取引といえる。

・解説と解答・

1）適切である。

2）不適切である。犯罪収益移転防止法４条２項３号、同法施行令12条３項等において、外国PEPsとの間で行う特定取引は、贈収賄などに利用される可能性等もあるため、「厳格な取引時確認」が必要であり、犯罪による収益の移転に悪用することが困難な取引とはいえない。

3）適切である。

4）適切である。その他、以下の取引も犯罪による収益の移転に悪用することが困難な取引とされている。

・資金の原資が明らかな取引

　資金の原資の性質や帰属元が明らかな取引は、犯罪による収益の移転に悪用することが困難な取引である。

・会社等の事業実態を仮装することが困難な取引

会社等の事業実態を仮装することが困難なものは、犯罪による収益の移転に悪用することが困難な取引である。

・蓄財性がない、または低い取引

蓄財性がない、または低い商品・サービスへの犯罪による収益の投資は、犯罪による収益の移転には非効率的である。

・取引金額が規制の敷居値を下回る取引

取引金額が規制の敷居値を下回る取引は、犯罪による収益の移転の観点から非効率である。なお、1回の取引の金額が形式的に敷居値を下回ったとしても、当該取引をあえて複数の取引に分割するような行為は、いわば脱法的に規制を免れるためのもの（ストラクチャリング）であると考えられ、その取引の危険度は高くなる。

・国または地方公共団体を顧客等とする取引

国または地方公共団体を顧客等とする取引は、国の職員等により、法令上の権限や内部管理態勢等のもとで行われるため 取引の過程・内容に関して透明性が高く、資金の出所または使途先が明らかであることから、犯罪による収益の移転に悪用することが困難な取引である。

正解　2）

１－10　顧客の属性におけるマネロン・テロ資金供与の危険度

《問》「令和５年 犯罪収益移転危険度調査書」における、顧客の属性とマネロン・テロ資金供与の危険度に関する次の記述のうち、最も不適切なものはどれか。

1）「国又は地方公共団体」との取引は、取引過程や内容に関して隠匿できる影響力を国内で持ち、結果として資金の出所または使途先を不明とすることも可能であるため、マネロン・テロ資金供与の危険度は高いと認められる。

2）「反社会的勢力」との取引は、犯罪行為等により得た資金の出所を不透明にするマネー・ローンダリングが不可欠である顧客属性との取引であるといえるため、マネロン・テロ資金供与の危険度は高いと認められる。

3）「実質的支配者が不透明な法人」との取引は、所有する財産を複雑な権利・支配関係のもとに置くことにより、その帰属を複雑にし、財産を実質的に支配する自然人を容易に隠蔽することができるため、マネロン・テロ資金供与の危険度は高いと認められる。

4）「非居住者」との取引は、非対面取引となることも多く、また、匿名性が高く、容易に本人特定事項を偽ることができるとともに、居住者との取引に比べて、継続的な顧客管理の手段が制限されることになるため、マネロン・テロ資金供与の危険度は高いと認められる。

・解説と解答・

1）不適切である。犯罪収益移転危険度調査書によれば、国または地方公共団体を顧客とする取引は、国の職員等により、法令上の権限や内部管理体制等のもとで行われるため、取引の過程・内容に関して透明性が高く、資金の出所または使途先が明らかであることから、犯罪による収益の移転に悪用することが困難であり、危険性の低い取引と認められる。

2）適切である。

3）適切である。

4）適切である。

正解　1）

1－11　テロ資金供与および新たな脅威に対する国際的な取組み①

《問》テロ資金供与および新たな脅威に対する国際的な取組みに関する次の記述のうち、最も不適切なものはどれか。

1）外国の金融機関等を利用した国際的な脱税および租税回避に対処するため、FATFの事務局が置かれているIMF（国際通貨基金）では、非居住者に係る金融口座情報を税務当局間で自動的に交換するための共通報告基準（FATCA）を公表しており、日本を含む各国はその基準に従うことになっている。

2）1999年に採択されたテロリズムに対する資金供与の防止に関する国際条約（テロ資金供与防止条約）では、テロ資金提供・収集行為の犯罪化やテロ資金の没収、金融機関等による本人確認、疑わしい取引の届出等を締結国に求めている。

3）法人等の支配構造の不透明な実態によって、法人等がマネー・ローンダリングに利用されている現状を踏まえ、2013年のロック・アーン・サミットで「法人及び法的取極めの悪用を防止するためのG8行動計画原則」が参加国で合意され、法人等に対して、実質所有者情報の入手や保持が義務付けられた。

4）テロ資金供与とは、一般に、爆弾テロやハイジャックなどのテロ行為の実行を目的として、そのために必要な資金をテロリストに提供する行為をいう。

・解説と解答・

1）不適切である。FATFの事務局が置かれているのは、OECD（Organization for Economic Co-operation and Development：経済協力開発機構）である。また、非居住者に係る金融口座情報を税務当局間で自動的に交換するための国際基準である共通報告基準は、CRSである。CRSによって自動的情報交換の対象となった非居住者の「口座の特定方法」や「情報の範囲」等は OECD加盟各国で共通化される。CRSを運用することで、金融機関等の事務負担を軽減しつつ、金融資産の情報を各国税務当局間で効率的に交換し、外国の金融機関等の口座を通じた国際的な脱税および租税回避に対処することが可能となる。日本では、金融機関（預金取扱金融機関、生命保険会社、証券会社、信託銀行）等が、顧客について「非居住者」であるかどうかを確認し、非居住者に該当した場合は、その届出事項を国税庁に報告し、国税庁は金融機関等から提出される情報をとりまとめ、他の参加国に情報交換を行う仕組みとなっている。

2）適切である。

3）適切である。「法人及び法的取極めの悪用を防止するためのG８行動計画原則」の概要は以下のとおり。

・法人に対し、その実質所有者情報の入手・保持を義務付ける。

・各国は、法人の実質所有者情報に対する法執行当局および徴税機関、必要に応じFIUを含む他の関連機関によるアクセスを確保する。その際、国または州レベルでの中央機関における登録制度を創設することは選択肢の１つである。

・信託受託者に対し、当該信託の受益者および委託者の情報を含む実質所有に関する確認を義務付けるとともに、これらの情報に対する法執行当局および徴税機関、必要に応じFIUを含む他の関連機関によるアクセスを確保する。

・当局は、リスク評価を実施し、自国のマネロン・テロ資金供与対策を取り巻くリスクに見合った措置を講じる。

・無記名株式や名義株主等、透明性を阻害するおそれのある金融商品や株式保有形態の悪用を防止する。

・金融機関等および会社設立に責任を有する者を含む指定非金融業者・職業専門家に対する有効な監督を確保する。

・義務に従わない金融機関等に対する制裁を確保する。

・実質所有者情報の迅速な交換など国際協力を推進する。

4）適切である。なお、テロ資金供与の特徴をマネー・ローンダリングと比較すると、「必ずしも違法な手段で得られるとは限らないこと」「関係する取引は少額でありうること」「資金提供先として、テロ組織の支配地域だけではなく、その周辺国を中継する傾向もあること」などが挙げられる。

正解　1）

1－12　テロ資金供与および新たな脅威に対する国際的な取組み②

《問》テロ資金供与および新たな脅威に対する国際的な取組みに関する次の記述のうち、最も適切なものはどれか。

1）テロ資金供与とマネー・ローンダリングは性質が異なる犯罪であるため、テロ資金供与対策とマネー・ローンダリング対策は、まったく異なる別個の独立したものとして対策を立てなければならない。

2）2012年に策定されたFATFの「新40の勧告」（第４次勧告）では、新たな脅威として、大量破壊兵器の拡散や公務員による贈収賄・財産横領等の腐敗等脅威、税犯罪、振り込め詐欺、サイバー攻撃への対応が盛り込まれた。

3）「法人及び法的取極めの悪用を防止するためのG８行動計画原則」の合意により、参加各国は、行動計画原則に従わない各国の金融機関等に対して制裁を確保することになった。

4）テロ資金供与は、マネー・ローンダリングと同様、対象となる資金が多額となる性質を有し、かつ、一定の重大な犯罪などの前提犯罪が存在するという共通点を有している。

・解説と解答・

1）不適切である。テロ資金供与そのものが犯罪収益を利用したマネー・ローンダリングとしての対象にもなりうるため、テロ資金供与対策とマネー・ローンダリング対策は不可分な関係にあるといえる。

2）不適切である。2012年のFATFの「新40の勧告」（第４次勧告）において、振り込め詐欺やサイバー攻撃への対応は、新たな脅威として盛り込まれていない。

3）適切である。

4）不適切である。テロ資金供与は、マネー・ローンダリングと異なり、薬物犯罪や一定の重大な犯罪等の前提犯罪が存在しない場合がある。また、マネー・ローンダリングは対象となる資金が犯罪収益を隠匿するという性質上、多額であることが多いが、テロ資金供与の対象となる資金については比較的少額で実行されやすいという特徴を有する。

正解　3）

１－13　反社会的勢力対策とマネー・ローンダリング対策の関係

《問》反社会的勢力対策とマネー・ローンダリング対策の関係等に関する次の記述のうち、最も不適切なものはどれか。

１）犯罪収益との関係において、反社会的勢力対策は「犯罪収益の獲得防止」が目的であるのに対し、マネー・ローンダリング対策は「犯罪収益の隠匿の防止」が目的であるといえる。

２）「令和５年 犯罪収益移転危険度調査書」によれば、2020年から2022年の間に、預金取扱金融機関等から疑わしい取引として最も多く届出のあった取引は、暴力団員、暴力団関係者等に係る取引である。

３）米国は「国際組織犯罪対策戦略」等のなかで、日本の暴力団を「重大な国際犯罪組織」の１つに指定し、米国内にある日本の暴力団の資産等を凍結し、米国人が暴力団と取引を行うことを禁止している。

４）「令和５年 犯罪収益移転危険度調査書」によれば、マネー・ローンダリング事犯の検挙件数に占める、反社会的勢力（暴力団構成員および準構成員その他の周辺者）に関する検挙件数の比率は、2020年から2022年の間、10％前後で推移している。

・解説と解答・

１）適切である。

２）不適切である。「令和５年 犯罪収益移転危険度調査書」によれば、預金取扱金融機関等から届出のあった疑わしい取引のなかで、最も多い取引は「職員の知識、経験等から見て、不自然な態様の取引又は不自然な態度、動向等が認められる顧客に係る取引」（27万2,260件）であり、次いで「暴力団員、暴力団関係者等に係る取引」（14万3,390件）となっている。

３）適切である。米国は、2011年７月に「国際組織犯罪対策戦略」を公表するとともに大統領令を制定し、そのなかで、日本の暴力団を「重大な国際犯罪組織」の１つに指定し、暴力団の資産であって米国内にあるもの、または米国人が所有・管理するものを凍結し、米国人が暴力団と取引を行うことを禁止している。

４）適切である。2020年は9.7％、2021年は10.1％、2022年は8.8％である。

正解　２）

1－14　反社会的勢力等に関連する法律・指針等

《問》反社会的勢力等に関連する法律・指針等に関する次の記述のうち、最も適切なものはどれか。

1）外国口座税務コンプライアンス法（FATCA）は、米国人の海外口座を利用した租税回避を防止し、公正な税負担の実現を目的に制定された米国の法律で、日本の金融機関等も米国人口座を特定することや米国人口座保有情報を国税庁経由で米国の税務当局へ送付することが求められている。

2）反社会的勢力等に対する組織犯罪への規制は、組織的犯罪処罰法における、犯罪収益の隠匿・収受の処罰や犯罪収益の没収・追徴の規定、犯罪収益移転防止法等における、金融機関等の特定事業者に対する顧客の取引時確認および疑わしい取引の届出等からなる。

3）犯罪利用預金口座等に係る資金による被害回復分配金の支払等に関する法律（振り込め詐欺救済法）において、金融機関等は、「振り込め詐欺」であることが判明した場合に限り、振込先に利用された預金口座等について取引停止などの措置を講じることが求められている。

4）日本では、政府による「企業が反社会的勢力による被害を防止するための指針」が掲げられており、反社会的勢力による被害を防止するための基本的な理念や具体的な対応が法的な拘束力をもって定められている。

・解説と解答・

1）不適切である。FATCAでは、日本の金融機関等が米国人口座保有者の情報を米国の税務当局であるIRS（米国内国歳入庁）へ「直接」送付することを求めている。具体的に、FATCAは、FFI（米国外金融機関等）に対し、「IRSとのFFI契約締結」「米国民が保有する口座についての確認・報告・情報提供」などの措置を講じることを求めている。

2）適切である。

3）不適切である。振り込め詐欺救済法において、金融機関等は、「振り込め詐欺」に限らず、詐欺その他の人の財産を害する罪の犯罪行為全般に関して、振込先として利用された預金口座である疑いが認められた際は、当該預金口座に係る取引停止等の措置を適切に講じることが求められている。

4）不適切である。「企業が反社会的勢力による被害を防止するための指針」は、あらゆる企業を対象として、反社会的勢力による被害を防止するための基本的な理念や具体的な対応を定めたものであるが、法的拘束力はない。したがって、本指針の内容を完全に実施しなかったからといって、直ちに、罰則等の不利益が与えられるものではない。しかし、本指針策定後、例えば、取締役の善管注意義務の判断に際して、民事訴訟等の場において、本指針が参考にされることなどはありうるものと考えられている。

正解　2）

第2章

FATF

2－1　FATFとは

《問》FATFに関する次の記述のうち、最も適切なものはどれか。

1）設立当初、FATFはマネー・ローンダリング対策のみを対象とした政府間会合組織であったが、米国同時多発テロ事件の発生を受けて、現在では、テロ資金供与対策においても指導的な役割を果たしている。

2）2024年2月末現在、FATFにはOECD加盟国を中心に120の国・地域および3つの国際機関が参加している。

3）FATFは2カ月に1回会合を開催しており、日本からは財務省、金融庁、経済産業省、内閣府が出席している。

4）FATFはマネロン・テロ資金供与対策だけではなく、インサイダー取引防止対策も対象とした政府間会合組織である。

・解説と解答・

1）適切である。FATFは、マネー・ローンダリング対策における国際協調を推進するために1989年のアルシュ・サミット経済宣言を受けて設立された政府間会合組織であり、2001年9月の米国同時多発テロ事件の発生以後は、テロ資金供与に関する国際的な対策と協力の推進にも指導的な役割を果たしている。FATFの主な役割は、①マネロン・テロ資金供与対策に関する国際基準（FATF勧告）の策定および見直し、②FATF参加国・地域相互間におけるFATF勧告の遵守状況の監視（相互審査）、③FATF非参加国・地域におけるFATF勧告遵守の推奨、④マネロン・テロ資金供与の手口および傾向に関する研究などが挙げられる。

2）不適切である。FATFに参加している国・地域および国際機関は、2024年2月末現在、OECD加盟国を中心に、38の国・地域および2つの国際機関となっており、日本はFATF設立当初からのメンバーである。

3）不適切である。FATFの全体会合（総会）は、年に3回（2月、6月、10月）開催されるのが通常で、日本からは財務省、警察庁、金融庁、法務省、外務省が出席している。

4）不適切である。FATFは、インサイダー取引についての防止対策は講じていない。

正解　1）

2－2　FATFと類似する国際組織

《問》次のうち、FATFと類似する国際組織として、最も適切なものはどれか。

1）JAFIC
2）DNFBPs
3）FATCA
4）APG

・解説と解答・

1）不適切である。JAFIC（Japan Financial Intelligence Center：犯罪収益移転防止対策室）とは、疑わしい取引に関する情報を一元化して、有効活用するために各国に設置されているFIU（Financial Intelligence Unit：資金情報機関）の日本における業務を担っている。
2）不適切である。DNFBPs（Designated Non-Financial Business and Professions：指定非金融業者および職業専門家）とは、FATF勧告の適用対象者を指し、不動産業者や宝石商、貴金属商等の指定非金融業者および法律家、会計士等の職業専門家を意味する。
3）不適切である。FATCA（Foreign Account Tax Compliance Act：外国口座税務コンプライアンス法）とは、米国の税法である。
4）適切である。APG（Asia／Pacific Group on Money Laundering：アジア・太平洋マネー・ローンダリング対策グループ）とは、アジア・太平洋地域のFATF非参加国・地域に対して、マネー・ローンダリング対策を促進するために設立された国際協力の枠組みであり、FATFと類似した国際組織である。APGの役割として、①アジア・太平洋地域におけるFATF勧告の実施の推奨・促進、②域内諸国・地域におけるマネー・ローンダリング防止、テロ資金供与防止に関する法律の立法化の促進、③参加国のマネロン・テロ資金供与対策の実施状況の相互審査、④域内におけるマネー・ローンダリングの手口、傾向等についての情報交換、分析等が挙げられる。

正解　4）

2－3　FATF勧告の変遷

《問》FATF勧告の変遷および改定の内容等に関する次の記述のうち、最も不適切なものはどれか。

1）FATFは、設立翌年の1990年に金融機関等における顧客の本人確認および疑わしい取引の報告制度等を含むマネー・ローンダリング対策を「40の勧告」（第1次勧告）としてまとめ、提言を行った。

2）FATFは、1996年に「40の勧告」（第1次勧告）を改定（第2次勧告）し、マネー・ローンダリング対策の前提となる犯罪を、薬物犯罪だけでなく一定の重大犯罪まで拡大する提言を行った。

3）FATFは、2003年に「40の勧告」（第2次勧告）を再改定（第3次勧告）し、法人形態を利用したマネー・ローンダリングへの対応、法人・信託、電信送金システムに関する透明性の向上等を盛り込む提言を行った。

4）FATFは、2004年にテロリストの資産の凍結・没収の実施、テロリズムに関する疑わしい取引の届出の義務付け等を盛り込んだ「9の特別勧告」をまとめ、提言を行った。

・解説と解答・

1）適切である。FATFは1989年に設立され、翌1990年に、マネー・ローンダリング対策のために各国が法執行、刑事法制および金融規制の各分野でとるべき措置を「40の勧告」としてとりまとめた。

2）適切である。1990年代になると、組織犯罪は薬物犯罪のみならず重大犯罪も含まれるようになり、重大犯罪に対する組織犯罪対策の必要性が高まった。こうした背景のもと、1996年に「40の勧告」が改定され（第2次勧告）、本肢のような提言が行われた。

3）不適切である。法人・信託、電信送金システムに関する透明性の向上が盛り込まれた提言は、2012年の「新40の勧告」（第4次勧告）である。なお、「40の勧告」（第3次勧告）においては、①マネー・ローンダリングの罪として処罰すべき範囲の拡大および明確化、②本人確認等の顧客管理の徹底、③法人形態を利用したマネー・ローンダリングへの対応、④DNFBPs（指定非金融業者および職業専門家）へのFATF勧告の適用、⑤FIU、監督当局、法執行当局等、マネー・ローンダリング対策に携わる政府諸機関の国内および国際的な協調、などが主な勧告内容となっている。

4）適切である。FATFは、2001年にテロ資金供与対策の国際基準ともいえる「８の特別勧告」を策定し、その後、国境を越える資金の物理的移転を防止するための措置を追加して「９の特別勧告」を2004年に策定した。「９の特別勧告」の主な内容は、①テロ資金供与行為の犯罪認定、②テロリストの資産の凍結・没収の実施、③テロリズムに関係する疑わしい取引の届出の義務付け、④電信送金に対する正確かつ有用な送金人情報の付記などとなっている。

正解　3）

2－4　FATF「新40の勧告」（第４次勧告）

《問》FATFが2012年に策定した「新40の勧告」（第４次勧告）に関する次の記述のうち、最も不適切なものはどれか。

1）大量破壊兵器の拡散などの脅威に対して、資源を効果的に配分して対処することを目的に「40の勧告」（第３次勧告）と「９の特別勧告」が統合され、「新40の勧告」（第４次勧告）が策定された。

2）「新40の勧告」（第４次勧告）では、FIUや監督当局、法執行当局等、マネー・ローンダリング対策に携わる政府諸機関の国内および国際的な協調が提言された。

3）FATF第４次対日相互審査は、「新40の勧告」（第４次勧告）の基準をもとに行われた。

4）「新40の勧告」（第４次勧告）は、FATF加盟国のほか、APGを含む９つのFATF型地域体にも適用され、200以上の国・地域において適用されている。

•解説と解答•

1）適切である。「新40の勧告」（第４次勧告）の主な内容は以下のとおり。

・「40の勧告」（第３次勧告）および「９の特別勧告」の統合

「40の勧告」（第３次勧告）および「９の特別勧告」は密接に関係するため、これらの勧告を統合し、双方の対策をカバーする「新40の勧告」（第４次勧告）が策定された。

・リスクベース・アプローチの強化

リスクベース・アプローチのコンセプトを明確にするとともに、マネロン・テロ資金供与関連のリスク評価を幅広く行い、高リスク分野では厳格な措置を求める一方、低リスク分野では簡便な措置の採用を認めることで、より効率的な対応が求められることになった。

・法人・信託、電信送金システムに関する透明性の向上

犯罪者やテロリストによる悪用を防止するため、法人や信託の実質所有者・支配者に関する情報や電信送金を行う際に必要な情報等の基準を厳格化し、これらの透明性を高めることとされた。

・マネロン・テロ資金供与対策のための当局機能・国際協力体制の強化

国内においてマネロン・テロ資金供与対策に責任を持つ法執行機関お

よびFIUの役割と機能を明確にし、より幅広い捜査手法や権限を求めることとされた。

マネー・ローンダリングおよびテロ資金の脅威拡大に対応するため、捜査当局等に求める国際協力の範囲が拡充されることとされた。

・新たな脅威への対応

PEPs（Politically Exposed Persons：重要な公的地位を有する者）の定義を拡大し、外国PEPsだけでなく国内PEPs等に関しても、金融機関等による厳格な顧客管理が求められることとされた。

税犯罪によって生じた収益を資金洗浄する行為をマネー・ローンダリング罪の対象とすることが求められることとされた。

国際連合安全保障理事会決議の要請に沿って、大量破壊兵器の拡散に関与する者に対し、金融制裁を実施することが新たに勧告化された。

2）不適切である。本肢の勧告は、2003年の「40の勧告」（第3次勧告）において策定された。

3）適切である。

4）適切である。

正解　2）

2－5　FATF第３次対日相互審査の結果およびフォローアップ手続

《問》FATF第３次対日相互審査の結果およびフォローアップ手続に関する次の記述のうち、不適切なものはいくつあるか。

(a)　FATF第３次対日相互審査の結果を受けて、日本では、犯罪収益移転防止法等が改正され、「取引を行う目的」や「法人における実質的支配者」等の取引時確認事項が一定の取引時に追加されたことに加え、マネー・ローンダリングに利用されるおそれが特に高い取引の類型が定められることとなった。

(b)　FATF第３次対日相互審査の結果を受けて、日本では、2014年11月に「国際連合安全保障理事会決議第千二百六十七号等を踏まえ我が国が実施する国際テロリストの財産の凍結等に関する特別措置法(国際テロリスト財産凍結法)」が成立した。

(c)　FATF第３次対日相互審査は、2003年に再改訂された「40の勧告」(第３次勧告）と2004年に策定された「９の特別勧告」に基づき、同勧告の遵守状況に関して実施された。

1）１つ
2）２つ
3）３つ
4）０（なし）

・解説と解答・

(a)　適切である。FATF第３次対日相互審査の結果を踏まえ、FATFは、日本に対して、マネロン・テロ資金供与対策について十分な法整備を行うよう要請するとともに、FATFの議長を団長とするハイレベル使節団を派遣し、マネロン・テロ資金供与対策を担う関係５省庁（財務省、金融庁、警察庁、法務省、外務省）と意見交換を行った。さらに、FATFの全体会合（総会）において、FATF第３次対日相互審査で指摘された重大な不備（予防的措置としての顧客管理が不十分であることやテロリストに対する資金凍結が不完全であること等）について、日本が是正を行っていないことに関しての憂慮が示された。以上を踏まえて改正された、2011年の犯罪収益移転防止法等（2013年4月1日全面施行）の概要は以下のとおり。

・取引時の確認事項の追加（士業者を除く）

一定の取引を行う際の確認事項に、本人特定事項に加え、「取引を行う目的」「職業（自然人）または事業の内容」「実質的支配者（法人）」「資産および収入の状況（ハイリスク取引の一部）」が追加された。

・ハイリスク取引の類型の追加

マネー・ローンダリングに利用されるおそれが特に高い取引（ハイリスク取引）の類型を定め、厳格な方法による確認の対象とされた。

・取引時確認等を的確に行うための措置の追加

事業者は、取引時確認をした事項に係る情報を最新の内容に保つための措置を講じるものとするほか、使用人に対する教育等の必要な態勢の整備に努めなければならないこととされた。

・特定事業者の追加

電話転送サービス事業者が、新たに特定事業者に追加されることとされた。

・罰則の強化

本人特定事項の虚偽申告、預貯金通帳の不正譲渡等に係る罰則が強化されることとされた。

(b)　適切である。

(c)　適切である。FATF第3次対日相互審査の結果、「40の勧告」（第3次勧告）および「9の特別勧告」の49の審査項目のうち、一部履行（PC）は15項目、不履行（NC）は10項目という評価が下されている。

したがって、不適切なものは0（なし）である。

正解　4）

2－6　FATF第３次対日相互審査に係る「報告書概要」

《問》FATF第３次対日相互審査に係る「報告書概要」に関する次の記述のうち、最も不適切なものはどれか。

1）日本の金融当局は、主要セクターである銀行、証券、保険および協同組織金融機関以外に関しては限られた件数の検査しか実施しておらず、限られた件数・種類の制裁しか適用していないという報告があった。

2）本報告時点の日本国内において、国際連合で指定されているテロリストおよびテロ組織によるテロ行為の被害はなく、かつてテロ行為を行ったテロ組織が日本を本拠に活動している事実もないという報告があった。

3）日本はマネロン・テロ資金供与対策におけるリスクベース・アプローチを実施しておらず、リスクの高い顧客に係る強化された顧客管理措置や簡素化された顧客管理措置の義務付けがないという報告があった。

4）日本には、マネロン・テロ資金供与対策のコンプライアンス責任者の指定や独立した内部監査機能の維持等、マネロン・テロ資金供与を防止する内部管理態勢の構築等を義務付ける法律が存在しないという報告があった。

・解説と解答・

1）適切である（財務省「対日相互審査報告書概要（仮訳）」29）。

2）不適切である。本報告時点の日本国内において、国際連合で指定されているテロリストおよびテロ組織によるテロ行為の被害はないが、かつてテロ行為を行ったいくつかのテロ組織が日本を本拠として活動しているとの報告があった（財務省「対日相互審査報告書概要（仮訳）」４）。

3）適切である（財務省「対日相互審査報告書概要（仮訳）」21）。

4）適切である（財務省「対日相互審査報告書概要（仮訳）」27）。その他、FATF第３次対日相互審査に係る「報告書概要」において、以下のような報告がなされている。

・日本はテロ資金供与への悪用リスクやマネー・ローンダリング対策措置に関する認識向上について、非営利団体（NPO）に対する啓蒙活動を行っていない。

・1990年の商法改正以後、匿名の無記名式株式の発行が禁止されたにもかかわらず、このような株式が依然として存在しうる。また、日本当局は、これらの数はきわめて限定的であると推測しているが、統計を有していない。

・日本の金融機関等は、シェルバンク（実体を有しない銀行）との間でコルレス契約を締結あるいは維持することが明確に禁止されておらず、コルレス契約先のシェルバンクによる口座の利用を許してはならないという義務付けもない。

・日本の顧客管理措置には、代理権限の確認や受益者または真の受益者の確認が含まれていない。金融機関等に対する、取引関係の目的・性質についての情報収集、継続的な顧客管理の義務付けがなされていない。

正解　2）

2－7　金融機関等がFATFの基準を守らない場合の影響

《問》金融機関等がFATFの基準を守らない場合の影響に関する次の記述のうち、最も不適切なものはどれか。

1）金融機関等がFATFの基準を守らない場合、当該金融機関等がFATFからの制裁を受け、罰金などが科せられる可能性がある。
2）金融機関等がFATFの基準を守らない場合、当該金融機関等の役員が善管注意義務について問われる可能性がある。
3）金融機関等がFATFの基準を守らない場合、国内法に抵触する可能性もあるため、結果として不適切な業務運営として金融当局から業務改善命令などの行政処分を受ける可能性がある。
4）金融機関等がFATFの基準を守らない場合、コルレス契約が解除されるなど、海外送金の停止や制限を受け、決済・送金機能を提供する金融機関等が影響を受ける可能性がある。

・解説と解答・

1）不適切である。FATFは、FATFの基準に違反したまたは基準を守らない金融機関等に対して制裁を科す権限は持っていない。
2）適切である。具体的には、役員の善管注意義務違反による株主代表訴訟や会員代表訴訟が提起される可能性、役員個人が賠償責任を負う可能性などが挙げられる。
3）適切である。
4）適切である。

正解　1）

2－8 FATF対応が不十分な場合に日本が負うリスク

《問》FATF対応が不十分な場合に日本が負うリスクに関する次の記述のうち、最も不適切なものはどれか。

1）FATF対応が不十分であった場合、日本の金融に対する国際的な信認が低下するうえに、個別金融機関等の送金などの海外取引や国際金融取引、顧客への国際取引支援に支障が生じるなどの実害が発生するリスクを負う。

2）FATF対応が不十分であった場合、個別金融機関等に対して、コルレス契約の解除やコルレス取引の制限、コルレス取引時のデューディリジェンスの厳格化などが強いられるリスクを負う。

3）FATF対応が不十分であった場合、次回のFATF相互審査において、他国に先駆けて審査対象となるだけではなく、日本に本社を置くすべての金融機関等が審査対象となるリスクを負う。

4）FATF対応が不十分であった場合、マネロン・テロ資金供与対策に関し、日本がハイリスク国であるとしてFATFより国名公表されるリスクを負う。

・解説と解答・

1）適切である。警察庁が公表する「FATF勧告に対応する必要性」によると、日本はFATF勧告遵守の取組みについて最も遅れた国の1つであるとの言及がなされ、そのうえでの課題として、「顧客管理の強化」「テロリストの資産凍結」が挙げられている。また、これらの課題について法整備がなされない場合は、日本がマネロン・テロ資金供与対策のハイリスク国であるとして国名公表される可能性が高いとの懸念が示されるとともに、日本の金融機関等の海外取引に支障が生じる可能性があると指摘している。

2）適切である。コルレス契約とは、日本の銀行が外国の銀行との間で結ぶ、為替業務（具体的には、手形の取立委託や送金の支払委託、信用状の通知や確認など）の代行に関する契約をいう。

3）不適切である。過去のFATF相互審査において、国内に本社を置くすべての金融機関等が審査対象となった事例はない。

4）適切である。

正解　3）

2－9　日本におけるFATF対応

《問》FATF対応が不十分な場合に日本政府や金融庁、金融機関等が負うリスクに関する次の記述のうち、最も適切なものはどれか。

1）FATF対応が不十分であった場合、FATFから日本政府に対して、主要項目のフォローアップ等の継続的な指摘が行われる可能性がある。

2）FATF対応が不十分であった場合、FATFから各国の格付会社に対して、日本の国債の格付を下げるよう勧告される可能性がある。

3）FATF対応が不十分であった場合、FATFから日本政府や金融庁等に対して、法令改正などの指導が直接的に行われる可能性がある。

4）FATF対応が不十分であった場合、FATFから各国政府に対して、日本との金融取引を控えるよう通達が出される可能性がある。

・解説と解答・

1）適切である。2021年8月に公表されたFATF第4次対日相互審査報告書において、日本は法令等整備状況の審査で40項目中1項目で不履行（NC）、10項目で一部履行（PC）の評価を受け、有効性の審査で11項目中8項目で中程度（M）の評価を受けた。そこで、日本は強化フォローアップの対象となり、FATFより継続的な指摘を受ける可能性がある。

2）不適切である。FATFから各国の格付会社に対して、日本の国債の格付を下げるよう勧告することはない。

3）不適切である。FATFから日本政府や金融庁等に対して、法令改正などの指導を直接的に行うことはない。

4）不適切である。FATFから各国政府に対して、日本との金融取引を控えるよう通達を出すことはない。

正解　1）

2－10　FATF第4次相互審査

《問》FATF第4次相互審査に関する次の記述のうち、最も不適切なものはどれか。

1）FATF第4次相互審査は、2012年2月のFATF全体会合（総会）において改訂されたFATF勧告に基づき、2014年より順次、加盟国・地域に対し実施されている。

2）FATF第4次相互審査において、被審査国は、審査報告書の採択を経て、非監視対象国または監視対象国のいずれかに分類されることとなる。

3）日本におけるFATF第4次相互審査は、2019年10月下旬から11月中旬にかけてオンサイトで実施された。

4）日本におけるFATF第4次相互審査の結果は、2022年6月のFATF全体会合（総会）で討議・採択され、2022年12月に対日審査報告書が採択・公表された。

・解説と解答・

1）適切である。FATF第3次相互審査基準におけるFATF勧告履行上のさまざまな問題点を踏まえ、FATF第4次相互審査基準の改訂作業が行われ、2012年2月のFATF全体会合（総会）において、改訂FATF勧告を採択し、公表された。FATFは、この改訂勧告に基づき、2014年より加盟国・地域に対し、第4次相互審査を順次実施している。

2）適切である。なお、FATF第4次相互審査において、非監視対象国となった被審査国であっても「通常フォローアップ」または「強化フォローアップ」のプロセスに置かれることとなる。フォローアップ審査までの間、通常フォローアップにおいてはFATF第4次相互審査から約2年半後に、強化フォローアップにおいてはFATF全体会合（総会）において決定された頻度で（一般的にはフォローアップ審査までに3回)、不備事項の改善状況等をFATFに対して報告する必要がある。

3）適切である。

4）不適切である。FATF第4次対日相互審査報告書は2021年6月のFATF総会で討議がなされ、2021年8月30日に公表された。

正解　4）

2－11　FATF第4次対日相互審査

《問》FATF第4次対日相互審査に関する次の記述のうち、最も適切なものはどれか。

1）FATF第4次対日相互審査は、2003年に再改訂された「40の勧告」（第3次勧告）と2004年に策定された「9の特別勧告」に基づいて、勧告の遵守状況に関して実施された。

2）FATF第4次対日相互審査は、技術的遵守状況評価（法令等整備状況審査）に加え、有効性評価（有効性審査）の観点からも実施された。

3）FATF第4次対日相互審査は、前回のFATF第3次対日相互審査に続き、マネロン・テロ資金供与対策に係る有効性評価（有効性審査）を受けた。

4）FATF第4次対日相互審査は、当局および関係業態の取組みが有効に機能しているかとの観点から、技術的遵守状況評価（法令等整備状況審査）において、「High」「Substantial」「Moderate」「Low」の4段階で評価が下された。

・解説と解答・

1）不適切である。FATF第4次対日相互審査は、2012年に策定された「新40の勧告」（第4次勧告）に基づいて、勧告の遵守状況に関して実施された。なお、2013年、FATFは「新40の勧告」（第4次勧告）に基づいたFATF審査の実施基準である、新たな「メソドロジー」を策定し、「新40の勧告」（第4次勧告）と新たなメソドロジーに基づき、加盟国に対してFATF第4次相互審査を実施している。

2）適切である。FATF第3次対日相互審査は、各国の関係法令等がFATF勧告に沿って整備されているかという観点で実施され、評価が下されたが、FATF第4次対日相互審査では、新たなメソドロジーに基づく「技術的遵守状況評価（法令等整備状況審査）」に加えて、当局および関係業態の取組みが有効に機能しているかという「有効性評価（有効性審査）」も実施された。

3）不適切である。FATF第3次対日相互審査においては、マネロン・テロ資金供与対策の有効性に関する評価は行われておらず、FATF第4次対日相互審査において、初めてマネロン・テロ資金供与対策の有効性に関する評価を受けている。

4）不適切である。FATF第4次対日相互審査において「High（高）」「Substantial（十分）」「Moderate（中程度）」「Low（低）」の4段階で評価されるのは有効性評価（有効性審査）であり、技術的遵守状況評価（法令等整備状況審査）は「Compliant（C）履行」「Largely Compliant（LC）おおむね履行」「Partially Compliant（PC）一部履行」「Not-Compliant（NC）不履行」の4段階で評価が下された。

正解　2）

2－12　FATF第４次対日相互審査で導入された「有効性評価（有効性審査）」

《問》FATF第４次対日相互審査で導入された「有効性評価（有効性審査）」に関する次の記述のうち、最も不適切なものはどれか。

1）有効性評価（有効性審査）は、各国の法制度などがFATFの「新40の勧告」（第４次勧告）の内容に即して整備されているかについて、形式的に審査する評価方法である。

2）有効性評価（有効性審査）は、国としてのリスクの理解と法制度の運用の実現度・有効性のほか、金融機関等としてのリスクに応じた対応の実現度・有効性を検証する評価方法である。

3）有効性評価（有効性審査）は、伝統的な法令等遵守やコンプライアンスの重視という観点よりも、リスク管理としての発想が重要となる。

4）有効性評価（有効性審査）は、各国の法令整備等の形式面を重視した審査ではなく、リスク管理の「対策効果」の達成度について検証する評価方法である。

・解説と解答・

1）不適切である。各国の法制度などがFATFの「新40の勧告」（第４次勧告）の内容に即して整備されているかについて審査する評価方法は「技術的遵守状況評価（法令等整備状況審査）」である。技術的遵守状況評価（法令等整備状況審査）では、顧客管理や記録の保存、コルレス契約、疑わしい取引、電信送金等について、予防的措置を講じているかなどについて審査が行われた。有効性評価（有効性審査）は技術的遵守状況評価（法令等整備状況審査）と同じくらい重要であり、一般に、技術的遵守状況評価（法令等整備状況審査）が低ければ有効性評価（有効性審査）も低いものになる。

2）適切である。FATF第３次対日相互審査では、所定項目に関する法整備が審査基準とされており、前提犯罪が網羅的に法律に規定されているか、金融機関等に求められる義務が規制として適切に明記されているかなど、形式面に偏った審査が実施されていたが、実効性が審査されていないとの意見を踏まえ、FATF第４次対日相互審査では有効性評価（有効性審査）を取り入れ、「対策効果」の達成度合いが評価された。

3）適切である。

4）適切である。なお、有効性評価（有効性審査）におけるリスク管理の「対策効果」には、階層構造の概念《図表》が用いられており、「最上位の目標」を頂点に「3つの中間的な効果」「11の直接的な効果」の3階層が挙げられており、FATF第4次対日相互審査団は、主に「11の直接的な効果」に基づいて、その実効性を評価した。

正解　1）

《図表》マネロン・テロ資金対策の有効性判定に用いる「対策効果（defined outcomes）の階層構造」

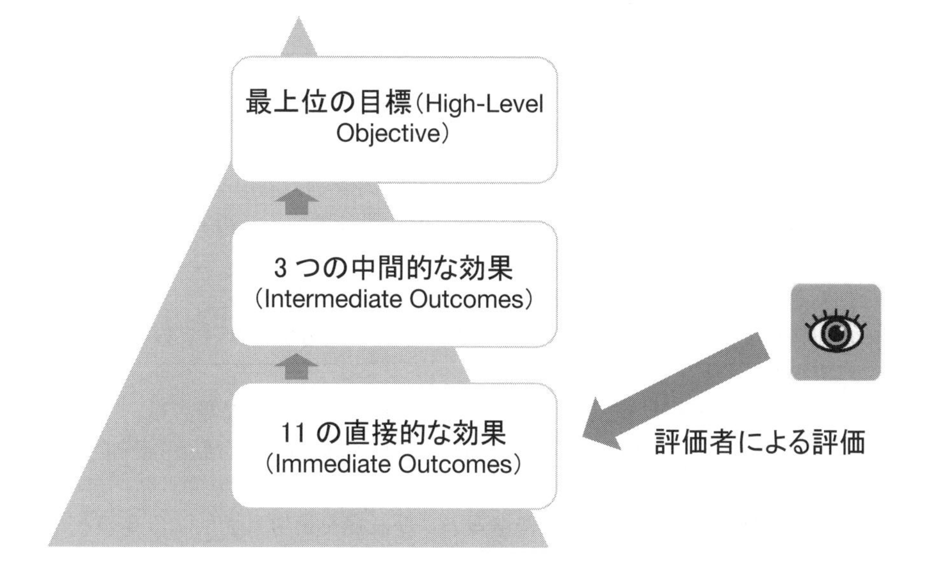

出典：警察庁刑事局組織犯罪対策部「マネー・ローンダリング対策等に関する懇談会」（平成25年6月12日）

2－13　有効性評価（有効性審査）における「11の直接的な効果」

《問》有効性評価（有効性審査）の判断で用いる「11の直接的な効果」に関する次の記述のうち、最も適切なものはどれか。

1）「犯罪収益およびテロを支援する資金が金融その他の部門に入り込むことが防止されており、また、当該部門によって探知され、報告されている」ことは、「11の直接的な効果」としての評価対象である。

2）「金融機関等やDNFBPsがマネロン・テロ資金供与対策の予防措置について、そのリスクに応じて的確に講じており、疑わしい取引を報告している」ことは、「11の直接的な効果」としての評価対象である。

3）「金融システムおよび経済全般が、マネロン・テロ資金供与対策、拡散金融の脅威から保護され、金融部門の完全性が強化され、安心と安全に貢献している」ことは、「11の直接的な効果」としての評価対象である。

4）「政策、調整および協力が、マネロン・テロ資金供与のリスクを軽減している」ことは、「11の直接的な効果」としての評価対象である。

・解説と解答・

1）不適切である。本肢は、３つの中間的な効果に関する説明である。

2）適切である。

3）不適切である。本肢は、最上位の目標に関する説明である。

4）不適切である。本肢は、３つの中間的な効果に関する説明である。「11の直接的な効果」は以下のとおり。

①マネロン・テロ資金供与のリスクが理解され、適切な場合は、マネロン・テロ資金供与および拡散金融との闘いに向けての行動が国内的に調整されている。

②国際協力が情報、金融機密情報および証拠を適切に提供するものとなり、犯罪者とその資産に対する行動を促進している。

③金融機関等やDNFBPsがマネロン・テロ資金供与対策の義務についてそのリスクに応じて履行するよう、監督者が適切に監督し、モニターし、

規制している。

④金融機関等やDNFBPsがマネロン・テロ資金供与対策の予防措置についてそのリスクに応じて的確に講じており、疑わしい取引を報告している。

⑤法人その他の法的取極めがマネロン・テロ資金供与に濫用されないようになっており、その実質的受益者に関する情報が権限ある当局に障害なく利用可能となっている。

⑥金融機密情報その他のすべての関連情報がマネロン・テロ資金供与の犯罪捜査に権限ある当局によって適切に利用されている。

⑦マネー・ローンダリング犯罪および行為が捜査され、行為者が訴追され、効果的で比例的で抑止的な制裁を受けている。

⑧犯罪収益および手段が没収されている。

⑨テロ資金供与犯罪および行為が捜査され、テロ資金供与を行った者が訴追され、効果的で比例的で抑止的な制裁を受けている。

⑩テロリスト、テロ組織およびテロ資金提供者が資金を調達し、移動させ、使用することが防止されていて、NPO部門の濫用がなされていない。

⑪大量破壊兵器の拡散に関与する個人・団体が、関連する国連安保理決議に従って、資金を調達し、移動させ、使用することが防止されている。

正解　2）

2－14　FATF第４次対日相互審査の結果①

《問》FATF第４次対日相互審査結果に関する次の記述のうち、最も不適切なものはどれか。

1）法制度の整備状況などを審査する技術的遵守状況評価（法令等整備状況審査）において、日本は40項目中11項目で「一部履行」もしくは「不履行」とされた。

2）法制度の運用やリスクに応じた対応の実現度・有効性を審査する有効性評価（有効性審査）において、日本は11項目中８項目で「中程度」とされた。

3）改善状況のフォローアップにおいて、日本は、「強化フォローアップ国」に分類され、５年間フォローアップ評価が行われ、通常３回のフォローアップレポートの作成が求められる。

4）改善状況のフォローアップにおいて、第４次相互審査を受けたFATF加盟国のうち、日本とメキシコを除いて、「通常フォローアップ国」に分類された。

・解説と解答・

1）適切である。技術的遵守状況評価（法令等整備状況審査）は評価の高い順から「C（履行）」「LC（おおむね履行）」「PC（一部履行）」「NC（不履行）」だが、日本はC＝４項目、LC＝24項目、PC＝10項目、NC＝１項目、N/A（評価せず）＝１項目だった。

2）適切である。有効性評価（有効性審査）は評価の高い順から「H（高い）」「S（十分）」「M（中程度）」「L（低）」だが、日本はS＝３項目、M＝８項目だった。

3）適切である。改善状況のフォローアップは評価の高い順から「通常フォローアップ」「強化フォローアップ」だが、日本は“合格水準”といわれる通常フォローアップには届かず、強化フォローアップとされた。強化フォローアップにおいては、５年間フォローアップ評価が行われ、通常３回のフォローアップレポートの作成が求められることとなる。

4）不適切である。“合格水準”といわれる通常フォローアップ国はスペイン、イタリア、ポルトガル、イスラエル、英国など。強化フォローアップ国は、日本のほか、オーストラリア、カナダ、シンガポール、スイス、米国など。

正解　4）

2－15　FATF第4次対日相互審査の結果②

《問》FATF第4次対日相互審査結果の報告書における「主な評価結果」等に関する次の記述のうち、最も不適切なものはどれか。

1）大規模銀行を含む一定数の金融機関および資金移動業者は、マネロン・テロ資金供与リスクについて適切な理解を有しているが、その他の金融機関においては、自らのマネロン・テロ資金供与リスクの理解が限定的である。

2）一定数の金融機関は、自らのリスク評価を開始しているが、その他の金融機関はリスクに基づいた低減措置を適用していない。これらの金融機関は、継続的顧客管理、取引モニタリング、実質的支配者の確認・検証等の、最近導入・変更された義務について、十分な理解を有していない。

3）ほとんどの金融機関は、金融庁ガイドラインに係る義務について十分な理解を有しているものの、義務を履行するための明確な期限を設定していない。

4）金融庁を含む金融監督当局は、金融機関に対する効果的かつ抑止力のある一連の制裁措置を活用していない。

・解説と解答・

1）適切である。

2）適切である。

3）不適切である。（自らのマネロン・テロ資金供与リスクの理解が限定的な）金融機関は、最近導入・変更された マネロン・テロ資金供与対策に係る義務（金融庁ガイドライン等）について十分な理解を有しておらず、これらの新しい義務を履行するための明確な期限を設定していない、と指摘された。「ほとんどの金融機関」が金融庁ガイドラインに係る義務について十分な理解を有しているとの記述はない。

4）適切である。

正解　3）

第3章

国内法規制等

3－1　犯罪収益移転防止法等①

《問》犯罪収益移転防止法等に関する次の記述のうち、最も適切なものはどれか。

1）犯罪収益移転防止法等は、金融機関等による顧客等の本人確認等及び預金口座等の不正な利用の防止に関する法律（金融機関等本人確認法）および組織的犯罪処罰法の廃止に伴い、両法律が統合する形で2008年に施行された。

2）犯罪収益移転防止法等は、特定事業者に対し、一定の法令上の義務を課しており、特定事業者には金融機関等や弁護士、司法書士、行政書士、公認会計士、税理士、社会保険労務士、宅地建物取引業者などが該当する。

3）犯罪収益移転防止法等は、特定事業者に対し、確認記録の作成・保存、取引記録等の作成・保存を義務として課しており、確認記録および取引記録等の保存期間は、取引終了等一定の日から７年となっている。

4）犯罪収益移転防止法等は、特定業務において収受した財産が犯罪による収益である疑いがあると認められる場合、弁護士等や司法書士等を含むすべての特定事業者に対し「疑わしい取引」の届出を行うことを義務付けている。

・解説と解答・

1）不適切である。金融機関等本人確認法は、犯罪収益移転防止法等の施行に伴い廃止されたが、組織的犯罪処罰法そのものは、廃止されておらず、従来、金融機関等に本人確認や疑わしい取引の届出等を義務付けていた第５章（疑わしい取引の届出）が廃止、削除され、犯罪収益移転防止法等に移行された。

2）不適切である。犯罪収益移転防止法等で定められている特定事業者に、社会保険労務士は含まれない（同法２条２項）。なお、ファイナンスリース事業者やクレジットカード事業者、宝石・貴金属等取扱事業者、郵便物受取サービス業者、電話受付代行業者、電話転送サービス事業者も特定事業者に該当する。

3）適切である。特定事業者に課せられた義務は、以下のとおりである。

・取引時確認
・確認記録の作成・保存（特定取引等に係る契約が終了した日等から７年間保存）
・取引記録等の作成・保存（当該取引が行われた日等から７年間保存）
・疑わしい取引の届出（司法書士等の士業者を除く）
・コルレス契約締結時の厳格な確認
・外国為替取引に係る通知
・取引時確認等を的確に行うための措置

4）不適切である。弁護士等、司法書士等は特定事業者であるが、疑わしい取引の届出は義務付けられていない（犯罪収益移転防止法８条）。なお、従前、いわゆる「士業者」については、特定事業者であっても、疑わしい取引の届出義務が課されていなかったが、「国際的な不正資金等の移動等に対処するための国際連合安全保障理事会決議第千二百六十七号等を踏まえ我が国が実施する国際テロリストの財産の凍結等に関する特別措置法等の一部を改正する法律」（FATF勧告対応法）による犯罪収益移転防止法の改正に伴い、2024年４月１日より、「士業者」のうち、行政書士等、公認会計士等および税理士等については、守秘義務に係る事項を除き、届出義務が課されることとなった。

正解　3）

3－2　犯罪収益移転防止法等②

《問》2016年に施行された改正後の犯罪収益移転防止法等に関する次の記述のうち、最も不適切なものはどれか。

1）犯罪収益移転防止法等では、「疑わしい取引の判断方法」が整備され、マネー・ローンダリングに悪用されるリスクに応じて疑わしい取引の該当性を判断することが規定された。

2）犯罪収益移転防止法等では、「公共料金等を現金納付する際の取引時確認」が簡素化され、簡素な顧客管理を行うことが許容される取引に、公共料金や入学金等の支払に係る取引のうち、マネー・ローンダリングに利用されるおそれがきわめて低いと考えられる一部の取引が追加された。

3）犯罪収益移転防止法等では、「顔写真のない本人確認書類に係る本人確認方法」が改正され、健康保険証や国民年金手帳等の顔写真のない本人確認書類を利用して本人特定事項の確認を行う場合には、顧客の住居に宛てて転送不要郵便で取引関係文書を送付するなど、二次的な確認措置が求められることになった。

4）犯罪収益移転防止法等では、「取引担当者の代理権等の確認方法」に関する規定が整備され、法人の取引担当者が正当な取引権限を持っていることを確認するための方法として「社員証を有していること」や「役員として登記されていること」が認められた。

・解説と解答・

1）適切である。

2）適切である（犯罪収益移転防止法施行令7条1項1号ツ、同法施行規則4条1項7号）。

3）適切である（犯罪収益移転防止法4条1項1号、同法施行規則6条1項1号ロ、ニ、7条1号ハ）。

4）不適切である。2016年10月に施行された犯罪収益移転防止法等では、「取引担当者の代理権等の確認方法」が改正され、法人の取引担当者が正当な取引権限を持っていることを確認する方法のうち、「社員証を有していること」が削除された。また、従来は「役員として登記されていること」が確認方法として認められていたが、「代表権を有する役員として登記されている場合」に限ることとなった（同法4条、同法施行規則12条5項2号ロ）。なお、2016年に全面施行された同法等のその他の主な内容は以下のとおり。

・コルレス契約締結時の厳格な確認の義務付け

金融機関等が外国所在為替取引業者と業務関係を確立する段階において、その外国所在為替取引業者が自己の顧客に対して取引時確認等の措置を十分に行うなど、実効的な対策を行っているかについて確認するよう義務付けられた。

・事業者が行う体制整備等の努力義務の拡充

取引時確認等の措置の実施に関する規程の作成や業務を統括管理する者の選任等、事業者が取引時確認等を的確に行うために講じるよう努めなければならない措置が規定された。

・顧客管理を行ううえで特別の注意を要する取引に対する取引時確認の実施

従前は敷居値以下の取引や犯罪による収益の移転に利用されるおそれがないと主務省令で定められた取引であるために取引時確認の対象とならなかった取引でも、当該取引が疑わしい取引その他の顧客管理を行ううえで特別の注意を要する取引であれば、これを取引時確認の対象とすることとされた。

・敷居値以下に分割された取引に対する取引時確認の実施

敷居値以下の取引でも、1回当たりの取引の金額を減少させるために一取引を分割したものであることが一見して明らかであるものは、一取引とみなし、当該取引の総額が敷居値を超える場合は取引時確認を行わなければならないこととされた。

・外国PEPsとの取引の際の厳格な取引時確認の実施

外国PEPs（Politically Exposed Persons：重要な公的地位を有する者）との特定取引が厳格な取引時確認の対象に追加された。

・実質的支配者に関する規定の改正

法人の実質的支配者について、議決権その他の手段により当該法人を支配する自然人まで遡って確認すべきこととされた。

正解　4）

3－3　国際テロリスト財産凍結法

《問》「国際連合安全保障理事会決議第千二百六十七号等を踏まえ我が国が実施する国際テロリストの財産の凍結等に関する特別措置法（以下、「国際テロリスト財産凍結法」という）」に関する次の記述のうち、最も不適切なものはどれか。

1）国際テロリスト財産凍結法は、テロリストに対する制限が不十分であるというFATF第３次対日相互審査の指摘やFATFの声明を受けて制定された。

2）国際テロリスト財産凍結法は、公告国際テロリストを規制対象としており、公告国際テロリストを相手として取引を行う場合は、公安委員会の許可が必要となる。

3）国際テロリスト財産凍結法は、10万円超の金銭等、政令等で定める規制対象財産の贈与を「一定の取引」として制限している。

4）国際テロリスト財産凍結法は、政令等で定める規制対象財産の貸付や売却を「一定の取引」として制限している。

・解説と解答・

1）適切である。

2）適切である（国際テロリスト財産凍結法９条）。

3）不適切である。国際テロリスト財産凍結法によって制限対象となっている「一定の取引」は以下のとおり（同法９条）。

- １万5,000円超の金銭、有価証券、貴金属等、土地、建物、自動車、その他、これらに類する財産として政令で定めるもの（規制対象財産）の贈与
- 規制対象財産の貸付
- 規制対象財産の売却、貸付その他の処分の対価の支払
- 預貯金に係る債務その他の政令で定める金銭債務（預貯金等債務）の履行
- 国際テロリスト財産凍結法の規定により、債務の履行を受けることについて許可を受けなければならない金銭債権（特定金銭債権）の譲渡

4）適切である。（国際テロリスト財産凍結法９条２号、３号）

正解　3）

3－4　テロ資金提供処罰法

《問》「公衆等脅迫目的の犯罪行為のための資金等の提供等の処罰に関する法律（以下、「テロ資金提供処罰法」という）」に関する次の記述のうち、最も不適切なものはどれか。

1）テロ資金提供処罰法は、米国同時多発テロ事件の発生を契機として、テロ資金供与行為自体の犯罪化を要求したFATF勧告に応じて施行された。

2）テロ資金提供処罰法は、テロリスト等に対するテロ資金提供の禁止を規定しているが、テロリスト等の範囲に、テロ行為の協力者は含まれない。

3）テロ資金提供処罰法は、土地や建物、物品、役務等による利益提供もテロ資金提供の対象としており、直接の利益提供を行った者に加えて、間接的に利益提供した者も処罰の対象となっている。

4）テロ資金提供処罰法は、テロリスト自身によるテロ行為のための資金獲得活動の禁止も規定されている。

・解説と解答・

1）適切である。

2）不適切である。テロ資金提供処罰法は、テロリスト等に対するテロ資金等の提供の禁止を規定しており、当該テロリスト等にはテロ行為の協力者も含まれる（同法２条～５条）。

3）適切である（テロ資金提供処罰法３条、４条）。

4）適切である（テロ資金提供処罰法２条、５条２項、３項）。

正解　2）

3－5　テロ等準備罪

《問》「組織的な犯罪の処罰及び犯罪収益の規制等に関する法律等の一部を改正する法律（以下、「テロ等準備罪」という）」に関する次の記述のうち、最も不適切なものはどれか。

1）テロ等準備罪は、国際組織犯罪防止条約（TOC条約）を締結するために設けられたものであり、テロ等準備罪の成立要件として挙げられるすべての要件について、「故意」であることが必要となる。

2）テロ等準備罪の成立には、「組織的犯罪集団」の関与が必要であり、組織的犯罪集団とは、重大な犯罪等を行うことを目的とするテロ集団や暴力団、薬物密売組織等を指す。

3）テロ等準備罪の成立には、計画した犯罪の「実行準備行為」が必要であり、実行準備行為とは、犯罪を実行するための資金の準備などが挙げられる。

4）テロ等準備罪の成立には、犯罪の実行を単独または複数で「計画」することが必要であり、計画とは、犯罪を行うことについての具体的かつ実現可能性のある計画であることが必要となる。

•解説と解答•

1）適切である。

2）適切である。「組織的犯罪集団」の要件は、①多数人の継続的な集団であること、②犯罪実行部隊を有していること、③重大な犯罪等を実行することを目的として集まっていることのすべてを満たす必要がある。

3）適切である。計画した犯罪の「実行準備行為」の要件は、①計画とは別の行為であること、②計画に基づく行為であること、③計画を前進させる行為であることのすべてを満たす必要がある。

4）不適切である。テロ等準備罪の成立には、犯罪の実行を２人以上で「計画」することが必要であり、指揮命令のもと、役割を分担して犯罪を行うことについての具体的かつ実現可能性のある計画をすることが必要となる。なお、犯罪の実行を２人以上で「計画」することに関する要件は、①団体の活動として、一定の犯罪（対象犯罪）を実行するものであること、②具体的かつ現実的な合意をすることを満たす必要がある。

正解　4）

３－６　国際組織犯罪防止条約

《問》「国際的な組織犯罪の防止に関する国際連合条約（国際組織犯罪防止条約。以下、「TOC条約」という）」に関する次の記述のうち、最も不適切なものはどれか。

1）TOC条約は、国際連合加盟国の大半が締結しているが 日本は、先進国のなかで唯一、条約を締結していない国となっている。

2）TOC条約の締結により、テロ等の組織犯罪に関する情報収集について、条約締結国と情報交換を行うなど、国際社会と連携（情報交換）することが可能となっている。

3）TOC条約の締結により、日本に潜伏する他国のテロ集団構成員を拘束して、その国（締結国に限る）に引き渡すなど、犯罪人引渡し（逃亡犯罪人の引渡し）の実効性が高まる。

4）TOC条約の締結により、日本の捜査・刑事裁判で用いる証言や証拠物などを、外交ルートに頼ることなく、捜査・司法当局間で直接やりとり（捜査共助）することが可能となる。

・解説と解答・

1）不適切である。日本は、テロ等準備罪などが新設されたことを受けて、TOC条約を含む４つの国連条約を締結することが可能となり、2017年７月11日にこれらの条約を締結している（条約の効力発生は2017年８月10日）。

2）適切である。

3）適切である。

4）適切である。

正解　1）

3－7　外為法

《問》「外国為替及び外国貿易法（以下、「外為法」という）」に関する次の記述のうち、最も不適切なものはどれか。

1）銀行法で定める金融機関等は、日本から外国に向けた支払に係る「為替取引」を顧客と行う際、当該取引の額にかかわらず、外為法等に基づく本人特定事項の確認（本人確認）を行わなければならない。

2）銀行法で定める金融機関等は、自然人と「特定為替取引」を行う際は、氏名、住所または居所および生年月日を、法人と「特定為替取引」を行う際は、名称および主たる事務所の所在地を確認しなければならない。

3）銀行法で定める金融機関等は、本人特定事項の確認（本人確認）を行った場合、当該本人確認の記録を作成し、当該取引が終了した日、その他の財務省令で定める日から、7年間保存しなければならない。

4）銀行法で定める金融機関等は、顧客等が本人特定事項の確認（本人確認）に応じない場合、当該取引に係る義務の履行を拒むことができる。

・解説と解答・

1）不適切である。外為法18条1項では、居住者による日本から外国へ向けた支払や居住者による非居住者との間の支払は、「特定為替取引」に該当し、その取引に際しては、運転免許証の提示を受ける方法、その他の財務省令で定める方法等による本人特定事項の確認（本人確認）を行わなければならないとされているが、当該取引の額が10万円以下である場合は「特定為替取引」に該当しないため、本人特定事項の確認が不要となる。

2）適切である（外為法18条1項）。

3）適切である（外為法18条の3第2項等）。

4）適切である（外為法18条の2）。

日本のマネロン・テロ資金供与対策において重要な法律である外為法については、その実効性を担保するため、財務省が金融機関等に対して外国為替検査を実施している。財務省国際局調査課が公表する「外国為替検査不備事項指摘等事例集」（2018年7月6日）では、以下のような事例を「検査において指摘した事項」として挙げている。なお、外国為替検査の対象は、外国送金等の外国為替業務を取り扱う金融機関等となっている。

・預金口座の管理を行う情報システム等に顧客情報が残されていない睡眠口座等の払出し時に、顧客が制裁対象者か否かの確認を行っていなかった。
・既存預金口座の名義照合の結果、資産凍結等経済制裁対象の預金口座が認められた場合、対象口座の凍結処理を行うこととしていたが、手続上、凍結処理を行った後も預金の払出しが可能な取扱いとなっていた。
・既存預金口座の名義照合の結果、資産凍結等経済制裁対象の預金口座が認められた場合、対象口座の凍結処理を行うための手続を定めたが、同手続の周知徹底が図られておらず、誤って預金利息を当該口座に入金した。
・預金口座の相続が発生した際に、外為法上の許可を得ることなく北朝鮮に住所を有する相続人に対する支払を行っていた。
・インターネット等を経由して顧客から受け付けた仕向送金において、受取人の住所もしくは居所等を把握することなく、当該仕向送金を実行していた。
・送金依頼書に記載する必要情報が、受取人氏名、受取国および送金目的にとどまっており、受取人の住所もしくは居所等を把握することなく、仕向送金を実行していた。
・外為法上の許可を得ることなく、海外に所在する本店が有する制裁対象者名義の預金口座へ本支店勘定を通じて支払を実行していた。
・北朝鮮との関連が疑われる仕向送金において、その内容等を確認するために必要な資料の提示等を求めたうえで慎重な確認を行う必要があったにもかかわらず、当該確認を適切に行うことなく当該仕向送金を実行していた。
・新規預金口座開設に際しては、預金事務委託先において、顧客が制裁対象者か否かの確認を行う取決めとなっていたが、当該確認に係る記録が当該委託先において適切に保存されていなかった。
・日本の金融機関等の海外支店において、送金人から当該支店へ取引情報を伝達するシステムの不具合により、受取人情報の一部が欠落した状態で制裁対象者との照合およびスイフト電文の作成が行われていた。
・取引時確認が必要な200万円超の両替取引において、取引時確認に応じない顧客に対し、取引時確認を行うことなく取引を実行していた。

・取引時確認事項（本人特定事項、取引目的、職業・事業内容、実質的支配者等）の一部 について、取引時確認を行うことなく両替取引を実行していた。

・取引時確認に係る確認記録について、取引時確認事項の一部が記録されていなかった。

・偽造通貨を収受した両替取引において、疑わしい取引に該当するか否かの判断を適切に行わなかったことにより、当該両替取引について疑わしい取引の届出を行っていなかった。

正解　1）

３－８　マネロン・テロ資金供与対策に係る国内法規制

《問》マネロン・テロ資金供与対策に係る国内法規制に関する次の記述のうち、最も適切なものはどれか。

１）資金決済に関する法律（資金決済法）は、資金移動業の登録制度を定めており、銀行等の免許を有し、事前に内閣総理大臣の登録を受けた資金移動業者に限り、１回当たり200万円以下の為替取引を行うことができる。

２）金融機関等による顧客等の本人確認等及び預金口座等の不正な利用の防止に関する法律（本人確認法）は、金融機関等による顧客の本人確認記録等の作成を義務付けており、現在もマネロン・テロ資金供与対策に関する国内法規制として、効力を有している。

３）暴力団員による不当な行為の防止等に関する法律（暴力団対策法）は、組織犯罪対策要綱で定める「暴力団等」と同様の対象者を規制しており、暴力団員が行う暴力的要求行為等に対する規制を目的としている。

４）国際的な協力の下に規制薬物に係る不正行為を助長する行為等の防止を図るための麻薬及び向精神薬取締法等の特例等に関する法律（麻薬特例法）は、薬物犯罪から得られた収益への対策を主眼に施行されている。

・解説と解答・

１）不適切である。資金移動業は銀行等の免許を受けていなくてもよい。なお、第２種資金移動業は、事前に内閣総理大臣の登録を受けていれば、１回当たり100万円相当額以下の為替取引を行うことができる。

２）不適切である。本人確認法は、犯罪収益移転防止法等の全面施行に伴い、2008年に廃止されている。

３）不適切である。組織犯罪対策要綱で定める「暴力団等」とは、「暴力団」「暴力団員」「暴力団準構成員」「暴力団関係企業」「総会屋等」「社会運動等標ぼうゴロ」「特殊知能暴力集団等」となっており、暴力団対策法での暴力団の定義より広い定義となっている。

４）適切である。

正解　４）

3－9　金融庁によるマネロン・テロ資金供与対策への取組み

《問》金融庁によるマネロン・テロ資金供与対策への取組みに関する次の記述のうち、最も適切なものはどれか。

1）金融庁ガイドラインでは、金融当局が金融機関等に立入検査を行う際のマネロン・テロ資金供与対策に関する具体的な手法が示されている。

2）金融庁が公表した2023事務年度 金融行政方針では、マネロン・テロ資金供与対策として、外部コンサルタント等の人材を集め、多角的に対応できるようにすることを求めている。

3）金融庁が公表した「報道発表（2018年2月2日）」では、FATF審査への対応に関する企画・調整や国際的な業務を展開する金融機関等のマネロン・テロ資金供与対策に関する業務についてのモニタリングの企画等のため、同庁内に「マネーローンダリング・テロ資金供与対策企画室」を設置することが示されている。

4）金融庁が公表した2023事務年度 金融行政方針では、マネロン・テロ資金供与への対応を取り上げ、ルールベース・アプローチによる管理態勢の高度化を促進することが示されている。

・解説と解答・

1）不適切である。金融庁ガイドラインの「Ⅳ 金融庁によるモニタリング等」「Ⅳ－2　官民連携・関係当局との連携等」によれば「金融庁としては、従前以上に業界団体や、関係省庁、外国当局との連携を深めて情報収集を強化し、モニタリング等で得た参考となる事例等も含め、こうした過程で収集した優良事例等について、金融機関等と共有を図っていく。また、業界団体等と連携しながら、個別金融機関等とも継続的に対話等を行うなどして、マネロン・テロ資金供与対策に係る課題や解決策、環境整備等についての継続的な検討を促していく」としており、具体的な手法は提示していない。

2）不適切である。2023事務年度 金融行政方針において「外部コンサルタント等の人材を集め、多角的に対応できるように」とする記載はない。

3）適切である。金融庁における態勢強化の一環として、マネロン・テロ資金供与対策に係るモニタリングの企画等を行うため、「マネーローンダリング・テロ資金供与対策企画室」が2018年２月１日に設置されている。

4）不適切である。2023事務年度 金融行政方針本文では、「ルールベース・アプローチ」による管理態勢についての言及はない。

正解　3）

3－10　金融庁による金融機関等に対するモニタリング

《問》金融庁ガイドラインにおける、金融庁による金融機関等に対するモニタリングに関する次の記述のうち、最も不適切なものはどれか。

1）金融庁は、「疑わしい取引の届出件数（国・地域別、顧客属性別等の内訳）」のヒアリング等を行うことで、リスクベース・アプローチの実効性の向上を図るとしている。

2）金融庁は、「内部監査や研修等（関係する資格の取得状況を含む）の実施状況」のヒアリング等を行うことで、リスクベース・アプローチの実効性の向上を図るとしている。

3）金融庁は、「特定事業者作成書面等」のヒアリング等を行うことで、リスクベース・アプローチの実効性の向上を図るとしている。

4）金融庁は、「外部専門家の採用状況」のヒアリング等を行うことで、リスクベース・アプローチの実効性の向上を図るとしている。

・解説と解答・

1）適切である。

2）適切である。

3）適切である。その他、「マネロン・テロ資金供与リスク管理についての経営陣への報告や、必要に応じた経営陣の議論の状況」のヒアリング等を行うことで、リスクベース・アプローチの実効性の向上を図ることとしている。

4）不適切である。金融庁ガイドラインでは、「外部専門家の採用状況」に関するヒアリング・モニタリングの記述はない。

正解　4）

３－11　金融庁ガイドライン①

《問》金融庁ガイドラインにおける、マネロン・テロ資金供与対策に係る基本的な考え方に関する次の記述のうち、最も適切なものはどれか。

1）金融庁ガイドラインでは、リスクベース・アプローチによるマネロン・テロ資金供与に対するリスク管理態勢の構築・維持は、FATF勧告の中心的項目であり、金融機関等は、ガイドラインが求める対応を可能な範囲で実施することが望ましいとしている。

2）金融庁ガイドラインでは、金融当局のマネロン・テロ資金供与対策のモニタリングにあたり、金融機関等の指針となるよう「対応が求められる事項」「対応が期待される事項」「対応が禁止されている事項」を明確化している。

3）金融庁ガイドラインでは、海外送金等の業務を行う金融機関等は、当該送金業務等に関して、国内当局ではなく、外国当局による監督を重視し、国際的な動向を踏まえた対応が重要であるとしている。

4）金融庁ガイドラインでは、金融機関等が講ずべきマネロン・テロ資金供与対策は、時々変化する国際情勢などの動向やリスクの変化等に機動的に対応し、リスク管理態勢を有効性のある形で維持していく必要があるとしている。

・解説と解答・

1）不適切である。金融庁ガイドラインでは、マネロン・テロ資金供与対策において、リスクベース・アプローチによるリスク管理態勢の構築・維持は、当然に実施すべき事項（ミニマム・スタンダード）としている。

2）不適切である。金融庁ガイドラインでは、金融当局のマネロン・テロ資金供与対策のモニタリングにあたり、金融機関等の指針となるよう「対応が求められる事項」「対応が期待される事項」および「先進的な取組み事例」を掲げている。

3）不適切である。金融庁ガイドラインでは、海外送金等の業務を行う金融機関等は、日本国内の動向や国内当局による監督を重視するのみならず、外国当局による監督も含め国際的な動向を十分に踏まえた対応が求められるとしている。

4）適切である。

正解　4）

3－12　金融庁ガイドライン②

《問》マネロン・テロ資金供与対策における、金融庁ガイドラインの位置付けおよび金融機関等に求めている取組みに関する次の記述のうち、最も適切なものはどれか。

1）金融庁ガイドラインでは、マネロン・テロ資金供与に対するリスク管理態勢の構築・維持にあたって、関係法令やガイドラインを遵守することを最も重視し、管理部門を中心とした法令違反等の有無を形式的にチェックすることが重要であるとしている。

2）金融庁ガイドラインでは、マネロン・テロ資金供与対策に関する取組みを全役職員に浸透させるため、業績評価においてマネロン・テロ資金供与対策を勘案するなど、金融機関等の経営陣の積極的な姿勢やメッセージを示すことが重要であるとしている。

3）金融庁ガイドラインは、犯罪収益移転防止法２条２項で規定されている、すべての特定事業者を対象としている。

4）金融庁ガイドラインは、金融当局によるモニタリング等を通じて「対応が期待される事項」に係る措置が不十分である場合、金融当局が必要に応じて、報告徴求・業務改善命令等の法令に基づく行政対応を行い、金融機関等の管理態勢の改善を図るとしている。

・解説と解答・

1）不適切である。金融機関等は、関係法令や金融庁ガイドライン等を遵守することのみを重視し、法令違反等の有無のみを形式的にチェックすることとならないよう留意しなければならない。

2）適切である。

3）不適切である。金融庁ガイドラインは、犯罪収益移転防止法２条２項に規定する特定事業者のうち、金融庁所管の事業者を対象としている。

4）不適切である。金融庁ガイドラインでは、「対応が求められる事項」に係る措置が不十分であるなど、マネロン・テロ資金供与リスク管理態勢に問題があると認められる場合、業態ごとに定められている監督指針等も踏まえながら、報告徴求・業務改善命令等の行政対応を行うとしている。

正解　2）

第4章

リスクベース・アプローチ

4－1　リスクベース・アプローチの枠組み

《問》リスクベース・アプローチの枠組みに関する次の記述のうち、最も不適切なものはどれか。

1）「グローバル」な枠組みとして、FATF勧告に基づくリスクベース・アプローチが挙げられる。FATFはマネロン・テロ資金供与対策に関する基準を策定し、各国単位でのリスクベース・アプローチの推進を求めている。

2）「各国単位」の枠組みとして、関連省庁が取り組むべきリスクベース・アプローチが挙げられる。関連省庁はFATF勧告に従い、国内の法規制等を整備し、マネロン・テロ資金供与対策の規制対象業者である個別金融機関等を監督することが求められている。

3）「個別金融機関等単位」の枠組みとして、各金融機関等が行うリスクベース・アプローチが挙げられる。各金融機関等は国内法規制等に従うとともに、犯罪収益移転危険度調査書等を参考に自社のリスク評価を実施して特定事業者作成書面等を作成し、これに基づいた疑わしい取引の届出等の義務を履行することになっている。

4）「個別金融機関等単位」のマネロン・テロ資金供与対策において、各種監督指針等では、リスクベース・アプローチを含むマネロン・テロ資金供与対策に関する態勢整備を努力義務として、各金融機関等に対策を求めている。

・解説と解答・

1）適切である。

2）適切である。

3）適切である。

4）不適切である。各種監督指針等において、従来、マネロン・テロ資金供与対策に関する態勢整備は努力義務であったが、「態勢が整備されているか」と変更されている。

正解　4）

4－2　リスクベース・アプローチの3要素

《問》金融庁ガイドラインにおける、リスクベース・アプローチの3要素に関する次の記述のうち、最も不適切なものはどれか。

1）リスクベース・アプローチとは、リスクを定量化して想定損失を見定め、リスクの高い事業や業務のみに「リソース（資源）」を一括集中して、リスク管理を行うという考え方である。

2）金融機関等が自ら提供している商品・サービス、取引形態、取引に係る国・地域、顧客の属性等のリスクを踏まえて評価項目を設定し、マネロン・テロ資金供与対策に係るリスクを把握する方法は「リスクの特定」と呼ばれ、リスクベース・アプローチの出発点と位置付けられている。

3）金融機関等が特定したマネロン・テロ資金供与対策に係るリスクが、当該金融機関等にどの程度存在しているのかを把握する方法は「リスクの評価」と呼ばれ、リスクベース・アプローチにおいては、リスクの特定を踏まえて実施するべきものである。

4）金融機関等がリスクの特定をし、リスクの評価を行ったうえで、当該リスクが許容範囲に収まるように、適切な措置を講じることが「リスクの低減」であり、リスクベース・アプローチに基づくマネロン・テロ資金供与対策の実効性を決定付けるものとなっている。

・解説と解答・

1）不適切である。リスクベース・アプローチとは、リスクの高低により対応の程度や水準を決めて対応に当たるという「リソース（資源）の有効活用」を図る考え方である。

2）適切である。

3）適切である。

4）適切である。

正解　1）

4－3　FATFにおけるリスクベース・アプローチ

《問》FATF勧告の解釈ノートにおける、リスクベース・アプローチに関する次の記述のうち、最も適切なものはどれか。

1）FATF勧告の解釈ノートでは、金融機関等は、リスクベース・アプローチにおいて、リスクが低い場合の対応を行う際にも、簡素化された措置が許容されることはないとしている。

2）FATF勧告の解釈ノートでは、金融機関等は、リスクベース・アプローチにおいて、マネロン・テロ資金供与のリスクを特定、評価、監視、管理および低減するための適切なプロセスを有するべきであるとしている。

3）FATF勧告の解釈ノートでは、金融機関等は、リスクベース・アプローチにおいて、マネロン・テロ資金供与のリスクが存在する事業等が存在することを発見し、それらの事業等が金融機関等の定義に入っていない場合であっても、マネロン・テロ資金供与の義務をそのようなセクターへ適用することを検討する必要はないとしている。

4）FATF勧告の解釈ノートでは、金融機関等は、リスクベース・アプローチにおいて、マネロン・テロ資金供与のリスクが低く、かつきわめて限定的な環境であった場合でも、勧告の一部を適用しないことはできないとしている。

・解説と解答・

1）不適切である。

2）適切である。

3）不適切である。

4）不適切である。なお、FATF勧告の解釈ノートでは、各国や金融機関等について以下のような指摘をしている。

・リスクベース・アプローチは、マネロン・テロ資金供与対策において効果的な方法の1つである。

・リスクベース・アプローチを適用することにより、金融機関等は、マネロン・テロ資金供与を防止または低減するために特定されたリスクにふさわしい措置を確保するべきであり、それにより金融機関等は、最も効果的な方法により、どのように資源を配分するかを決定することができる。

・リスクベース・アプローチの実施において、金融機関等は、マネロン・テロ資金供与のリスクを特定、評価、監視、管理および低減するための適切なプロセスを有するべきである。

・各国はリスク評価を通じて、マネロン・テロ資金供与の悪用リスクが存在する機関、活動、事業または職業専門家のタイプが存在することを発見し、それらが金融機関またはDNFBPsの定義に入っていないのであれば、マネロン・テロ資金供与対策の義務を、そのようなセクターへ適用することを検討すべきである。

・きわめて限定的な環境かつマネロン・テロ資金供与のリスクが低いと証明される場合に、各国はある一定の勧告を、特別なタイプの金融機関や金融活動、もしくはDNFBPsに適用しないことを決定することもできる。

・リスクベース・アプローチの基本原則は、リスクが高い場合に各国が金融機関等にそれらのリスクを管理し、低減するための厳格な措置をとることを求めるべきであり、同様に、リスクが低い場合には簡素化された措置が許容されるべきである。ただし、簡素化された措置は、マネロン・テロ資金供与の疑いがあるときには許容されるべきではない。

正解　2）

4－4　金融庁ガイドラインにおけるリスクベース・アプローチ

《問》金融庁ガイドラインにおける、リスクベース・アプローチに関する次の記述のうち、最も不適切なものはどれか。

1）金融庁ガイドラインにおいて、マネロン・テロ資金供与対策におけるリスクベース・アプローチとは、金融機関等が、自らのマネロン・テロ資金供与リスクを特定・評価し、これをリスク許容度の範囲内に実効的に低減するため、当該リスクに見合った対策を講ずることであるとしている。

2）金融庁ガイドラインにおいて、リスクベース・アプローチでは、マネロン・テロ資金供与リスクへの対応をリスクの特定・評価・低減等の段階に便宜的に区分するなどして、順を追って検討していくことが重要であるとしている。

3）金融庁ガイドラインにおいて、金融機関等が行うマネロン・テロ資金供与対策におけるリスクベース・アプローチは、海外の手法等を模倣するのではなく、日本独自のマネロン・テロ資金供与対策を考慮して、独自の手法を考案すべきであるとしている。

4）金融庁ガイドラインにおいて、金融機関等は、マネロン・テロ資金供与リスクを適切に特定・評価し、これに見合った態勢の構築・整備等を優先順位付けしつつ、機動的な対応を行っていく必要があるとしている。

・解説と解答・

1）適切である。

2）適切である。

3）不適切である。金融庁ガイドラインにこのような記述はない。

4）適切である。

正解　3）

4－5　国際的なリスクベース・アプローチの要請を踏まえた犯罪収益移転防止法等の規定

《問》FATF勧告等の国際的なリスクベース・アプローチの要請を踏まえた犯罪収益移転防止法等の規定に関する次の記述のうち、最も不適切なものはどれか。

1）特定事業者は、リスクの程度にかかわらず、顧客との取引において統括管理者による承認を得ることが必要であり、加えて、情報の収集・分析を行った結果を保存するよう努めなければならない。

2）特定事業者は、疑わしい取引の届出の要否において、当該取引に係る取引時確認の結果や当該取引の態様、その他の事情のほか、犯罪収益移転危険度調査書等を勘案して判断しなければならない。

3）特定事業者は、犯罪収益移転危険度調査書の内容を勘案して、自らが行う取引について調査・分析したうえで、その結果を記載した書面等を作成し、必要に応じて見直すよう努めなければならない。

4）特定事業者は、犯罪収益移転危険度調査書の内容を勘案して、必要な能力を有する従業員を採用するために必要な措置を講じるよう努めなければならない。

・解説と解答・

1）不適切である。犯罪収益移転防止法等において、統括管理者が承認を行い、また、情報の収集・分析を行った結果を記載した書面等を作成して、確認記録または取引記録等とともに保存する措置を講じるよう努めなければならない取引は「高リスク取引」においてである。なお、高リスク取引とは、同法等で規定する厳格な顧客管理を行う必要性が特に高いと認められる取引、もしくは同法施行規則で規定する顧客管理を行ううえで特別の注意を要する取引、またはこれら以外の取引で犯罪収益移転危険度調査書の内容を勘案して犯罪による収益の移転の危険性の程度が高いと認められる取引をいう（同法施行規則27条1項3号）。

2）適切である（犯罪収益移転防止法8条2項）。

3）適切である（犯罪収益移転防止法11条4号、同法施行規則32条1項1号）。

4）適切である（犯罪収益移転防止法11条4号、同法施行規則32条1項6号）。

正解　1）

4－6　リスクの特定において対応が求められる事項

《問》金融庁ガイドラインにおける、「リスクの特定」に関する次の記述のうち、最も不適切なものはどれか。

1）リスクの特定において、新たな商品・サービスを取り扱う場合は、当該商品・サービス等の提供後にそのリスク状況について詳細な分析を行い、マネロン・テロ資金供与対策を検証することが求められている。

2）リスクの特定において、取引に係る国・地域の検証を行う場合は、FATFや内外の当局等から指摘を受けている国・地域も含め、包括的に、直接・間接の取引可能性を検証し、リスクを把握することが求められている。

3）リスクの特定において、マネロン・テロ資金供与リスクの具体的な検証を行う場合は、自らの営業地域の地理的特性や事業環境等の個別具体的な特性も考慮することが求められている。

4）リスクの特定において、マネロン・テロ資金供与リスクの包括的かつ具体的な検証を行う場合は、経営陣が主導性を発揮して、関係するすべての部門の連携・協働を確保したうえで検証を行うことが求められている。

・解説と解答・

1）不適切である。リスクの特定において、新たな商品・サービスを取り扱う場合や新たな技術を活用して取引を行う場合は、当該商品・サービス等の「提供前」に当該商品・サービスのリスクの検証およびその提供に係る提携先、連携先、委託先、買収先等のリスク管理態勢の有効性も含めて、マネロン・テロ資金供与リスクを検証することが求められている。

2）適切である。

3）適切である。

4）適切である。その他、金融機関等に「対応が求められる事項」としては、「国によるリスク評価の結果等を勘案しながら、自らが提供している商品・サービスや、取引形態、取引に係る国・地域、顧客の属性等のリスクを包括的かつ具体的に検証し、自らが直面するマネロン・テロ資金供与リスクを特定すること」が挙げられている。また、「自らの事業環境・経営戦略等の複雑性も踏まえて、商品・サービス、取引形態、国・地域、顧客の属性等に関し、リスクの把握の鍵となる主要な指標を特定し、当該指標についての定量的な分析を行うことで、自らにとって重要なリスクの高低及びその変化を適時・適切に把握すること」を「対応が期待されている事項」として挙げている。

正解　1）

4－7　リスクの特定において考慮すべき事項

《問》金融庁ガイドラインにおける、「リスクの特定」に関する次の記述のうち、最も不適切なものはどれか。

1）リスクの特定においては、取引形態について考慮する必要があり、具体的には「非対面取引」「現金取引」等について犯罪収益移転危険度調査書に記載のないリスクも踏まえて抽出し、特定すべきである。

2）リスクの特定においては、取引条件について考慮する必要があり、具体的には「金利条件」「手数料条件」等について犯罪収益移転危険度調査書に記載のないリスクも踏まえて抽出し、特定すべきである。

3）リスクの特定においては、顧客属性について考慮する必要があり、具体的には「反社会的勢力」「外国PEPs」等について犯罪収益移転危険度調査書に記載のないリスクも踏まえて抽出し、特定すべきである。

4）リスクの特定においては、国・地域について考慮する必要があり、具体的には「国際テロリスト活動地域」「イラン・北朝鮮等の特定地域」等について犯罪収益移転危険度調査書に記載のないリスクも踏まえて抽出し、特定すべきである。

・解説と解答・

1）適切である。

2）不適切である。リスクの特定においては、金融機関等が提供している「商品・サービス」「取引形態」「取引に係る国・地域」「顧客の属性」について犯罪収益移転危険度調査書に記載のないリスクも踏まえて抽出し、特定することが求められている。

3）適切である。

4）適切である。

正解　2）

4－8　リスクの評価において対応が求められる事項

《問》金融庁ガイドラインにおける、「リスクの評価」に関する次の記述のうち、最も不適切なものはどれか。

1）リスクの評価においては、その過程について経営陣が関与し、リスク評価の結果を経営陣が承認することが求められている。

2）リスクの評価においては、その評価の結果を文書化し、これを踏まえてリスク低減に必要な措置等を検討することが求められている。

3）リスクの評価においては、その評価の全社的方針や具体的手法を確立し、当該方針や手法に則って、具体的かつ客観的な根拠に基づき「リスクの特定」で特定されたリスクについて評価を実施することが求められている。

4）リスクの評価において、一度定めた評価を見直すことは、その後の評価に影響を及ぼすことがあるため、見直すことがないよう具体的かつ客観的な根拠に基づき評価を実施することが求められている。

・解説と解答・

1）適切である。

2）適切である。

3）適切である。

4）不適切である。金融庁ガイドラインでは、金融機関等に対し「定期的にリスク評価を見直すほか、マネロン・テロ資金供与対策に重大な影響を及ぼし得る新たな事象の発生等に際し、必要に応じ、リスク評価を見直すこと」を求めている。その他、リスクの特定で特定されたリスクについて「評価を行うに当たっては、疑わしい取引の届出の状況等の分析等を考慮すること」や「疑わしい取引の届出の状況等の分析に当たっては、届出件数等の定量情報について、部門・拠点・届出要因・検知シナリオ別等に行うなど、リスクの評価に活用すること」の対応を求めている。

正解　4）

4－9　リスクの評価において考慮すべき事項

《問》金融庁ガイドラインにおける、「リスクの評価」に関する次の記述のうち、最も適切なものはどれか。

1）リスクの評価においては、評価の独立性について考慮する必要があるため、経営陣の関与は極力排除すべきである。

2）リスクの評価においては、客観的な根拠に基づく評価について考慮する必要があり、具体的には、評価を10段階に分けて行い、目安として、高リスク取引は全体の取引量の１％以内に収めるべきである。

3）リスクの評価においては、マネロン・テロ資金供与リスクは常にゼロとする必要があるため、残存リスクが完全になくなるまで対策を講じるべきである。

4）リスクの評価においては、各金融機関等の事業環境や経営戦略の特徴等に考慮する必要があり、当該特徴等に則って、全社的方針や具体的手法を確立すべきである。

・解説と解答・

1）不適切である。リスクの評価は、リスク低減措置の具体的内容と資源配分の見直し等の検証に直結するものであるため、経営陣の積極的な関与のもとで、全社的に実施することが必要である。

2）不適切である。リスクの評価結果を「見える化」（リスク・マップ化）する点については、金融機関等がマネロン・テロ資金供与リスクを特定・評価するうえでも、また、リスク低減措置の有効性を判断するうえでも重要であるが、具体的な評価段階等については、いずれの文献においても記載がない。

3）不適切である。マネロン・テロ資金供与対策は、リスクベース・アプローチに基づき、限られた資源を有効に活用してリスクを許容範囲に低減させるものであり、リスクをゼロにすることは求められていない。

4）適切である。

正解　4）

4－10　リスクの低減において対応が求められる事項

《問》金融庁ガイドラインにおける、「リスクの低減」に関する次の記述のうち、最も不適切なものはどれか。

1）リスクの低減においては、自らが特定・評価したリスクを前提に、個々の顧客や取引の内容等を調査し、その結果を当該リスクの評価結果と照らして、講ずべき実効的な低減措置を判断・実施することが求められている。

2）リスクの低減においては、自らのリスク評価結果に基づく個別顧客のリスクを定量的・類型的に捉えてリスク格付を実施し、リスクの高い顧客には四半期に1回の定期的な接触を図り、継続的に顧客管理を行うことが求められている。

3）リスクの低減においては、個々の顧客や取引のリスクの大きさに応じて、方針や手続、計画等を行い、マネロン・テロ資金供与リスクが高い場合には、より厳格な低減措置を講じることが求められている。

4）リスクの低減においては、金融庁ガイドラインの記載事項のほか、業界団体等を通じて共有される事例や内外の当局等からの情報等を参照しつつ、直面するリスクに見合った低減措置を講じることが求められている。

・解説と解答・

1）適切である。

2）不適切である。「四半期に1回の定期的な接触を図り」等の具体的な手法については、金融庁ガイドラインで言及していない。

3）適切である。

4）適切である。

正解　2）

4－11　リスクの低減措置としての「顧客管理（CDD）」①

《問》金融庁ガイドラインにおける、「顧客管理（CDD）」に関する次の記述のうち、最も不適切なものはどれか。

1）「顧客管理」とは、個々の顧客に着目し、自らが特定・評価したリスクを前提として、顧客情報や当該顧客が行う取引内容等を調査し、調査結果をリスク評価の結果と照らして、講ずべき低減措置を判断・実施する一連の流れをいう。

2）「顧客管理」とは、犯罪収益移転防止法等で定める「顧客管理措置」に該当し、リスク低減措置の実効性を確保する手段であるとともに、法律上の義務として実施すべきものである。

3）「顧客管理」は、取引開始時、継続時、終了時の各段階に区分することができ、それぞれの段階において、個々の顧客やその行う取引のリスクの大きさに応じて調査し、講ずべき低減措置を的確に判断・実施する必要がある。

4）「顧客管理」は、リスク低減措置の中核的な項目であり、一連の顧客管理の過程で確認した情報、自らの規模・特性や業務実態等を総合的に考慮して、すべての顧客について顧客リスク評価を実施することが求められている。

・解説と解答・

1）適切である。

2）不適切である。金融庁ガイドラインにおける顧客管理（CDD：カスタマー・デュー・ディリジェンス）は、マネロン・テロ資金供与対策におけるリスク低減措置の中核的な項目であるが、犯罪収益移転防止法等において「顧客管理措置」という用語自体はない。なお、同法等に基づいて特定事業者が行う「取引時確認」「取引記録等の保存」「疑わしい取引の届出等の措置」を的確に行うために講じる、「取引時確認をした事項に係る情報を最新の内容に保つための措置」および「内部管理態勢の整備」は顧客管理として行われるものである。

3）適切である。

4）適切である。

正解　2）

4－12　リスクの低減措置としての「顧客管理（CDD）」②

《問》金融庁ガイドラインにおける、「顧客管理（CDD）」に関する次の記述のうち、最も適切なものはどれか。

1）顧客管理においては、リスクが高いと思われる顧客・取引とその対応を具体的に判断できるよう、顧客の受入れに関する方針を定めることが求められており、同方針の策定は、犯罪収益移転防止法等においても明確に要請されている。

2）顧客管理においては、実質的支配者の本人確認事項や取引目的等の調査において、信頼に足る証跡を残すことが求められており、「信頼に足る証跡」は、必ず書面によることを要する。

3）顧客管理においては、実質的支配者の本人確認事項や取引目的等の調査において、信頼に足る証跡を残すことが求められており、「実質的支配者」は、犯罪収益移転防止法等で定めている実質的支配者と同義語である。

4）顧客管理においては、マネロン・テロ資金供与リスクが高いと判断した顧客との取引において、上級管理職の承認を得ることが求められており、「上級管理職」とは、犯罪収益移転防止法等における統括管理者と同一人物でなければならない。

・解説と解答・

1）不適切である。「顧客の受入れに関する方針」は、犯罪収益移転防止法等において、必ずしも策定が明確には要請されていないが、各種の監督指針のなかで、管理態勢の整備として顧客受入方針の策定が要請されている。

2）不適切である。金融庁ガイドラインにおける「信頼に足る証跡」とは、顧客の申告の真正性等に留意しながら必要な証跡を求める趣旨であって、あらゆる確認事項に対して、一律に書面での証跡を求めるものではない。

3）適切である。

4）不適切である。「上級管理職」は、犯罪収益移転防止法等で定める「統括管理者」と必ずしも同一人物である必要はない。

なお、金融庁ガイドラインではリスクベース・アプローチにおける顧客管理（CDD）にあたり、以下の項目を金融機関等に「対応が求められている事項」として挙げている。

・自らが行ったリスクの特定・評価に基づいて、リスクが高いと思われる顧客・取引とそれへの対応を類型的・具体的に判断することができるよう、顧客の受入れに関する方針を定めること
・顧客の受入れに関する方針の策定にあたっては、顧客およびその実質的支配者の職業・事業内容のほか、例えば、経歴、資産・収入の状況、資金源、居住国等、顧客が利用する商品・サービス、取引形態等、顧客に関するさまざまな情報を勘案すること
・顧客およびその実質的支配者の本人特定事項を含む本人確認事項、取引目的等の調査にあたっては、信頼に足る証跡を求めてこれを行うこと
・顧客およびその実質的支配者の氏名と関係当局による制裁リスト等とを照合するなど、国内外の制裁に係る法規制等の遵守、その他リスクに応じて必要な措置を講じること
・信頼性の高いデータベースやシステムを導入するなど、金融機関等の規模や特性等に応じた合理的な方法により、リスクが高い顧客を的確に検知する枠組みを構築すること
・商品・サービス、取引形態、国・地域、顧客属性等に対する自らのマネロン・テロ資金供与リスクの評価の結果を踏まえて、すべての顧客について顧客リスク評価を行うとともに、講ずべき低減措置を顧客リスク評価に応じて判断すること
・マネロン・テロ資金供与リスクが高いと判断した顧客については、以下を含むリスクに応じた厳格な顧客管理（EDD）を実施すること
　・資産・収入の状況、取引目的、職業・地位、資金源等について、リスクに応じ追加的な情報を入手すること
　・当該顧客との取引の実施等につき、上級管理職の承認を得ること
　・リスクに応じて、当該顧客が行う取引に係る敷居値の厳格化等の取引モニタリングの強化や定期的な顧客情報の調査頻度の増加等を図ること
　・当該顧客と属性等が類似する他の顧客につき、顧客リスク評価の厳格化等が必要でないかを検討すること
・顧客の営業内容、所在地等が取引目的、取引態様等に照らして合理的ではないなどのリスクが高い取引等について、取引開始前または多額の取引等に際し、営業実態や所在地等を把握するなど、追加的な措置を講じること
・マネロン・テロ資金供与リスクが低いと判断した顧客については、当該

リスクの特性を踏まえながら、当該顧客が行う取引のモニタリングに係る敷居値を上げたり、顧客情報の調査範囲・手法・更新頻度等を異にしたりするなどのリスクに応じた簡素な顧客管理（SDD）を行うなど、円滑な取引の実行に配慮すること

- この場合、金融機関等が日本および当該取引に適用される国・地域の法規制等を遵守すること
- FATF等においては、少額・日常的な個人取引を、厳格な顧客管理を要しない取引の一例として挙げている

・「疑わしい取引の届出」における対応が求められる事項のほか、以下を含む継続的な顧客管理を実施すること

- 取引類型や顧客属性等に着目し、これらに係る自らのリスク評価や取引モニタリングの結果も踏まえながら、調査の対象および頻度を含む継続的な顧客管理の方針を決定し、実施すること
- 各顧客に実施されている調査の範囲・手法等が、当該顧客の取引実態や取引モニタリングの結果等に照らして適切か、継続的に検討すること
- 調査の過程での照会や調査結果を適切に管理し、関係する役職員と共有すること
- 各顧客のリスクが高まったと想定される具体的な事象が発生した場合等の機動的な顧客情報の確認に加え、定期的な確認に関しても、確認の頻度を顧客のリスクに応じて異にすること
- 継続的な顧客管理により確認した顧客情報等を踏まえ、顧客リスク評価を見直し、リスクに応じたリスク低減措置を講じること。特に、取引モニタリング・取引フィルタリングにおいては、継続的な顧客管理を踏まえて見直した顧客リスク評価を適切に反映すること

・必要とされる情報の提供を利用者から受けられないなど、自らが定める適切な顧客管理を実施できないと判断した顧客・取引等については、取引の謝絶を行うこと等を含め、リスクの遮断を図ることを検討すること。その際、マネロン・テロ資金供与対策の名目で合理的な理由なく謝絶等を行わないこと

正解　3）

4－13　リスクの低減措置としての「顧客管理（CDD）」③

《問》金融庁ガイドラインにおける、「顧客管理（CDD）」に関する次の記述のうち、最も不適切なものはどれか。

1）マネロン・テロ資金供与リスクが高いと判断した顧客には、資産・収入の状況、取引目的、職業、資金源等について、リスクに応じた追加的な情報を入手すること等によるリスクに応じた厳格な顧客管理（EDD）が求められている。

2）マネロン・テロ資金供与リスクが低いと判断した顧客には、FATFが挙げる、少額・日常的な厳格な顧客管理を要しない個人取引等を参考に、リスクに応じた簡素な顧客管理（SDD）による円滑な取引の実行に配慮することが求められている。

3）マネロン・テロ資金供与リスクが高いと判断した顧客には、リスクに応じて当該顧客が行う取引に係る敷居値の厳格化等の取引モニタリング強化等による、リスクに応じた厳格な顧客管理（EDD）が求められている。

4）マネロン・テロ資金供与リスクが低いと判断した顧客には、当該顧客との取引の実施等につき、上級管理職の承認を得ることによって、リスクに応じた簡素な顧客管理（SDD）による円滑な取引の実行に配慮することが求められている。

・解説と解答・

1）適切である。「マネロン・テロ資金供与リスクが高いと判断した顧客」とは、金融機関等において策定した顧客の受入れに関する方針等に基づき、必要な情報を確認・調査した結果、マネロン・テロ資金供与に係るリスクが高いと判断された顧客を意味し、犯罪収益移転防止法等での「高リスク取引を行う顧客」そのものではない。

2）適切である。リスクに応じた簡素な顧客管理（SDD）において、金融機関等は日本および当該取引に適用される国・地域の法規制等を遵守しつつ、リスクに応じて判断する必要があり、このような法規制等に抵触する内容の簡易な顧客管理を自主的に行うことはできない。例えば、通常のマネロン・テロ資金供与リスクを有すると判断した顧客に比べて、当該リスクが低いと判断した顧客が行う取引については、モニタリングの敷居値を緩和すること等の対応が考えられる。

3）適切である。

4）不適切である。「顧客との取引の実施等につき、上級管理職の承認を得る」ことは、マネロン・テロ資金供与リスクが高いと判断した顧客に対する、リスクに応じた厳格な顧客管理（EDD）を実施する際に求められる対応事項である。

正解　4）

4－14　リスクの低減措置としての「取引モニタリング・フィルタリング」

《問》金融庁ガイドラインにおける、「取引モニタリングおよび取引フィルタリング」に関する次の記述のうち、最も適切なものはどれか。

1）取引モニタリングとは、取引前やリストが更新された場合等に、取引関係者や既存顧客等について反社会的勢力や制裁対象者等のリストとの照合を行うことなどを通じて、反社会的勢力等による取引を未然に防止することで、リスクを低減させる手法をいう。

2）取引フィルタリングとは、過去の取引パターン等と比較して異常取引の検知、調査、判断等を通じて疑わしい取引の届出を行いつつ、当該顧客のリスク評価に反映させることを通じてリスクを低減させる手法をいう。

3）取引モニタリングおよび取引フィルタリングは、個々の顧客に着目する顧客管理と組み合わせて実行し、リスク低減措置の実効性を高めていくことが重要である。

4）近年では、ITを活用した取引モニタリングおよび取引フィルタリングが増えている結果、金融機関等の営業店窓口職員によるモニタリングおよびフィルタリングは、これらのシステムに代替されるようになり、その重要度は低くなっている。

・解説と解答・

1）不適切である。「取引モニタリング」とは、過去の取引パターン等と比較して異常取引の検知、調査、判断等を通じて疑わしい取引の届出を行いつつ、当該顧客のリスク評価に反映させることを通じてリスクを低減させる手法をいう。本肢は「取引フィルタリング」の説明である。

2）不適切である。「取引フィルタリング」とは、取引前やリストが更新された場合等に、取引関係者や既存顧客等について反社会的勢力や制裁対象者等のリストとの照合を行うことなどを通じて、反社会的勢力等による取引を未然に防止することで、リスクを低減させる手法をいう。本肢は「取引モニタリング」の説明である。

3）適切である。

4）不適切である。システムによる検知は、人による検知を代替する側面はあるが、対面での人による気づきは、不自然な挙動、取引を検知する端緒として重要であり、ITを活用したシステムが導入されたとしても、営業店窓口職員も含めた人による取引モニタリングおよび取引フィルタリングは、引き続き重要な役割を担っている。

正解　3）

4－15　リスクの低減措置としての「記録の保存」

《問》金融庁ガイドラインにおける、「記録の保存」に関する次の記述のうち、最も不適切なものはどれか。

1）取引モニタリングおよび取引フィルタリングの目的は、金融機関等に求められる「疑わしい取引の届出」のためであるため、その結果としての記録の保存も、疑わしい取引として届け出た取引のみを対象としている。

2）金融機関等が保存する確認記録や取引記録等は、自らの顧客管理の状況や結果等を示すものであるほか、金融当局への必要なデータの提出や疑わしい取引の届出の要否の判断等にも有用な情報である。

3）記録の保存にあたっては、本人確認資料等の証跡のほか、顧客との取引・照会等の記録など、適切なマネロン・テロ資金供与対策の実施に必要な記録を保存することが求められている。

4）記録の保存方法については、必ずしも書面等の写しを保存することまでは求められておらず、電磁的記録による保存方法も含まれる。

・解説と解答・

1）不適切である。金融機関等は「疑わしい取引の届出」にあたって、適切な検討・判断が行われる態勢が整備されていることが求められており、その有効性の検証のためにも、届け出た取引に限らず、結果として届出不要とされた取引も併せて、記録を保存することが望ましい。その際には、当該取引の判断に用いられた本人確認資料等の証跡、顧客との取引・照会等に加えて、届出可否判断の根拠なども記録しておくことが望ましい。

2）適切である。

3）適切である。

4）適切である。なお、記録の保存期間については、一律に一定期間の保存を求めるものではなく、分析可能な形で整理するなど、データの適切な管理が求められている。

正解　1）

4－16　リスクの低減措置としての「ITシステムの活用」

《問》金融庁ガイドラインにおける、「ITシステムの活用」に関する次の記述のうち、最も適切なものはどれか。

1）ITシステムを活用した疑わしい取引の検知は、基準が一定であり、かつ、検知精度のばらつきを防ぐことが重要であることから、シナリオや敷居値は頻繁に変えるべきではない。

2）ITを活用した取引モニタリング・システムや取引フィルタリング・システムは、専門的な技術が要求されることから、当該システムがマネロン・テロ資金供与リスクに見合ったものとなっているかについての検証は、システム部門やシステム開発会社が主導し、責任を持って関与すべきである。

3）自らの業務規模・特性等に応じたITシステムの早期導入の必要性を検討することが求められている。

4）取引モニタリングおよび取引フィルタリング関連システムは、導入段階での入念なユーザテストを実施することが求められており、その後も管理部門とシステム部門が連携して継続的な検証を行う必要があるため、当該システム自体に関する監査は不要である。

・解説と解答・

1）不適切である。ITシステムによる取引モニタリング等は基準が明確である一方、硬直的な運用になる懸念があるため、日々進化する手口に対して有効に機能しているかを検証し、シナリオの設定・追加や敷居値の柔軟な変更等を継続的に実施することが求められている。

2）不適切である。導入・運用されている取引モニタリング・システム、取引フィルタリング・システムが、マネロン・テロ資金供与リスクに見合ったものとなっているかについて責任を持つのは、マネロン・テロ資金供与対策の担当役員や管理部門である。

3）適切である。金融庁ガイドラインでは、以下の項目を金融機関等に「対応が求められる事項」として挙げている。

・自らの業務規模・特性等に応じたITシステムの早期導入の必要性を検討すること

・経営陣は、マネロン・テロ資金供与のリスク管理に係る業務負担を分析

し、より効率的効果的かつ迅速に行うために、ITシステムの活用の可能性を検討すること
・マネロン・テロ資金供与対策に係るITシステムの導入にあたっては、ITシステムの設計・運用等が、マネロン・テロ資金供与リスクの動向に的確に対応し、自らが行うリスク管理に見合ったものとなっているか検証するとともに、導入後も定期的に検証し、検証結果を踏まえて必要に応じITシステムやその設計・運用等について改善を図ること
・内部、外部監査等の独立した検証プロセスを通じ、ITシステムの有効性を検証すること
・外部委託する場合や共同システムを利用する場合であっても、自らの取引の特徴やそれに伴うリスク等について分析を行い、必要に応じ、独自の追加的対応の検討等を行うこと

4）不適切である。独立した立場の内部・外部監査によって関連システムの有効性を検証することが求められている。

正解　3）

4－17　リスクの低減措置としての「データ管理」

《問》金融庁ガイドラインにおける、「データ管理」に関する次の記述のうち、最も適切なものはどれか。

1）マネロン・テロ資金供与対策のデータ管理において、必要に応じて金融当局等に提出できる態勢を構築しておく必要がある情報には、例えば、疑わしい取引の届出件数、内部監査や研修等（関係する資格の取得状況を含む）の実施状況、リスク管理の経営陣への報告状況などが含まれる。

2）データを活用する前提として、取引モニタリングについてはリスト自体が最新かつ適切であるか、取引フィルタリングについては、シナリオが適切であるか、という観点の検証も求められる。

3）マネロン・テロ資金供与対策のデータ管理においては、確認記録や取引記録のほか、リスクの評価や低減措置の実効性の検証等に用いることが可能な情報を把握・蓄積することが求められているが、実際の分析にあたり、どのような形でデータを整理すると分析可能となるかの検討・管理までは求められていない。

4）ITシステムに用いられる顧客情報、確認記録・取引記録等のデータについては、網羅性・正確性の観点で適切なデータが活用されているかを定期的に検証することが求められるが、この定期的な検証は必ずコンプライアンス部門が行わなければならない。

・解説と解答・

1）適切である。本肢のほか、金融庁ガイドラインでは、データの管理において「ITシステムに用いられる顧客情報、確認記録・取引記録等のデータについては、網羅性・正確性の観点で適切なデータが活用されているかを定期的に検証すること」などを「対応が求められる事項」として挙げている。

2）不適切である。データを活用する前提として、取引モニタリングについてはシナリオが適切であるか、取引フィルタリングについては、リスト自体が最新かつ適切であるか、という観点の検証も求められる（ガイドラインFAQ）。

3）不適切である。マネロン・テロ資金供与対策のデータ管理においては、確認記録・取引記録のほか、リスクの評価や低減措置の実効性の検証等に用いることが可能な情報を把握・蓄積することに加えて、これらを分析可能な形で整理するなどの適切な管理を行い、必要に応じて当局等に提出できる態勢を整えておくことが求められる。

4）不適切である。定期的な検証の主体については、コンプライアンス部門やリスク管理部門等が中心となって第２線の関係部門が行う検証や、内部監査部門が第３線として独立した立場から行う検証等が考えられ、各金融機関等の規模や組織構造等に応じて、個別具体的に判断されることになる（ガイドラインFAQ）。

正解　1）

4－18　リスクの低減措置としての「FinTech等の活用」

《問》金融庁ガイドラインにおける、「FinTech等の活用」に関する次の記述のうち、最も適切なものはどれか。

1）AI（人工知能）は、サイバー犯罪に悪用されたり、実務適用が未熟であったりする可能性が高いため、マネロン・テロ資金供与対策として活用を検討することは時期尚早といえる。

2）RPAとは、人工知能を活用した新技術であり、マネロン・テロ資金供与対策の分野においては、疑わしい取引に該当するかといった判断を完全自動化することが期待されている。

3）暗号資産（仮想通貨）の不正流出問題などを考えると、ブロックチェーンは確立されていない部分のある脆弱な技術であるため、現段階において、金融機関での利用は検討すべきでない。

4）FinTechと呼ばれる新技術は、その有効性を積極的に検討し、新技術導入に係る課題の有無なども踏まえつつ、マネロン・テロ資金供与対策の高度化の観点から、活用の余地を有効性も含めて必要に応じ検討することが期待されている。

・解説と解答・

1）不適切である。取引時確認や疑わしい取引の届出は大量のデータを取り扱う必要があることから、マネロン・テロ資金供与対策とFinTechの活用は親和性が高いといわれている。金融庁ガイドラインでも「新技術を活用する余地がないか、その有効性も含めて必要に応じ、検討を行っていくことが期待される」と明記されている。

2）不適切である。RPA（ロボティック・プロセス・オートメーション）とは、書類作成やデータ入力等の定型的作業を自動化する技術である。

3）不適切である。ブロックチェーンは暗号資産の基幹技術として発明された概念だが、暗号資産とは切り離して、分散台帳を実現する技術として注目されており、金融業界においては送金・決済、貿易金融、債券取引、ローン取引、デリバティブ取引、コンプライアンス領域等において活用が期待され、さまざまな実証実験等の検討が積極的に行われている。

4）適切である。

正解　4）

4－19　海外送金等を行う場合の留意点

《問》金融庁ガイドライン等における、「海外送金等を行う場合の留意点」に関する次の記述のうち、最も不適切なものはどれか。

1）金融機関等がコルレス契約を締結している場合、マネロン・テロ資金供与リスクの低減措置の実効性は、コルレス契約の相手方のリスク管理態勢によらざるを得ない面があるため、当該金融機関等は、コルレス契約の相手方におけるマネロン・テロ資金供与リスクの管理態勢を適切に監視することが求められている。

2）金融機関等が他の金融機関等に海外送金を委託する場合、当該海外送金に係るマネロン・テロ資金供与対策のリスクの特定・評価・低減等の措置は、海外送金を実行する金融機関等が行うため、委託した金融機関等には、リスクの特定・評価・低減等の措置を講じることは求められていない。

3）コルレス契約先が架空銀行であった場合やコルレス契約先がその保有する口座を架空銀行に利用されることを許容していた場合、金融機関等は、当該コルレス契約先との契約を維持しないことが求められている。

4）金融庁の「金融機関等における送金取引等についての確認事項等について」では、送金取引を受け付けるにあたって、顧客の年齢や職業・事業内容等に照らし、送金目的や送金金額に不合理な点がないかについて、営業店等の職員が顧客に対し、確認・調査することを求めている。

・解説と解答・

1）適切である。

2）不適切である。金融庁ガイドラインでは「他の金融機関等に海外送金等を委託等する場合においても、当該海外送金等を自らのマネロン・テロ資金供与対策におけるリスクベース・アプローチの枠組みの下で位置付け、リスクの特定・評価・低減の措置を着実に実行すること」を求めている。

3）適切である。

4）適切である。金融庁の「金融機関等における送金取引等についての確認事項等について」では、以下の検証点に沿って確認・調査することを求めている。
・送金申込みのあった支店で取引を行うことについて、合理的な理由があるか
・顧客の年齢や職業・事業内容等に照らして、送金目的や送金金額に不合理な点がないか
・短期間のうちに頻繁に行われる送金に当たらないか
・口座開設時の取引目的と送金依頼時の送金目的に齟齬がないか
・これまで資金の動きがない口座に突如多額の入出金が行われる等、取引頻度および金額に不合理な点がないか
・顧客またはその実質的支配者は、マネロン・テロ資金供与リスクが高いとされる国・地域に拠点を置いていないか

正解　2）

4－20　海外送金等を行う場合の実務対応

《問》金融庁ガイドラインにおけるリスクベース・アプローチに照らし、Ｘ銀行Ｙ支店が海外送金等を行う場合の実務対応に関する次の記述のうち、最も適切なものはどれか。

1）遠隔地の別支店に口座を有する顧客がＹ支店に来店し、多額の現金による海外送金を依頼した。本人確認資料等により当該顧客がＸ銀行の既存顧客であることが確認されたため、依頼に沿って海外送金を受け付けた。

2）顧客が2,000万円の現金をＹ支店に持ち込み、海外送金を依頼した。当該顧客はＸ銀行の既存顧客であること、職業は大学生と登録されていることを確認し、本人確認ができたため、海外送金を受け付けた。

3）顧客から海外送金を依頼され、Ｘ銀行の既存顧客であることが確認できたため、送金を受け付けた。その後も10日間にわたり当該顧客から海外送金依頼があったが、初回と同様の取引時確認のみを行って対応した。

4）顧客が4,000万円の現金をＹ支店に持ち込み、仕入代金の支払であるとの説明とともに、海外送金を依頼した。当該顧客はＸ銀行の既存顧客であること、職業は自営業であること、口座は生活資金口座として登録されていることを確認したが、送金の目的が口座開設時の取引目的と齟齬が認められたため、顧客に聞き取りを行った。

・解説と解答・

1）不適切である。マネロン・テロ資金供与の未然防止は、日本の金融システムの健全性を維持する観点から重要な課題であり、国際社会におけるテロリズム等の脅威が増すなかで、官民が連携して態勢を強化することが必要であることから、本肢のような場合、送金申込みのあったＹ支店での取引を行うことについて、合理的な理由があるかという観点で、営業店の職員が顧客に聞き取りを行い、信頼に足る証跡を求める必要がある。

2）不適切である。顧客の年齢や職業等に照らして、送金目的や送金額に不合理な点が認められる場合は、顧客に聞き取りを行い、信頼に足る証跡を求める等の手段により、顧客・取引に関する実態確認や調査を行う必要がある。

3）不適切である。短期間のうちに頻繁に行われる送金についても、信頼に足る証跡を求める等により、追加で顧客や取引に関する実態確認・調査をすることが求められる。

4）適切である。

正解　4）

4－21　金融機関等における送金取引等についての確認事項等

《問》金融庁ガイドラインにおけるリスクベース・アプローチに照らし、Ａ生命保険会社（以下、「Ａ社」という）がＢ銀行（以下、「Ｂ行」という）に海外送金等を委託する場合の確認事項等に関する次の記述のうち、最も適切なものはどれか。

1）Ａ社において、Ｂ行に海外送金を委託する場合、委託先であるＢ行が海外送金等に係る国内外の法規制等に則り、送金先の関係国等の制裁リストとの照合等を行うため、Ａ社においては送金先について、いっさい確認をしなくてもよい。

2）Ａ社において、国内に住所登録されている契約者から満期保険金の海外送金を依頼された。当該契約者はＡ社の既存顧客であり、取引時確認済みであることが確認できたため、Ａ社は契約者の依頼に沿って、指定された海外口座への送金をＢ行に依頼した。

3）Ａ社において、数カ月前に多件数の一時払年金保険契約を締結し、現金で保険料を払い込んだ契約者から、全契約の解約および解約返戻金の海外送金を依頼された。当該契約者の住所登録は国内であったが、送金先として指定された海外口座は契約者名義とは異なるため、Ｂ行への送金依頼に先立ち、当該契約者に短期解約の理由、海外送金が必要な理由などについて聞き取りを行った。

4）Ａ社において、死亡保険金受取人から、死亡保険金請求に際し、複数の海外口座への分割支払を依頼された。当該死亡保険金受取人に指定された口座は本人名義であったため、国内口座の有無や口座分割の理由を特段確認せずに、指定された海外口座への送金をＢ行に依頼した。

・解説と解答・

1）不適切である。金融庁ガイドラインでは、他の金融機関等に海外送金等を委託等する場合においても、自らが行う他の業務と同様に、海外送金等によるマネロン・テロ資金供与リスクの特定・評価・低減を着実に行うことを求めており、本肢の場合、Ａ社において送金先の属性確認をいっさい行わないことは、リスク低減措置が不十分と評価されかねないため、適切ではない。

2）不適切である。本肢の場合、過去に取引時確認済みであるかどうかだけではなく、海外送金が必要な理由、送金先として指定された口座名義人（依頼者本人の口座であるか）などを確認し、不自然・不合理な点があれば、国内口座（特に保険料払込口座）への支払先変更を促すことや疑わしい取引の届出も検討すべきである。

3）適切である。いわゆる貯蓄性のある保険（年金保険、養老保険、一時払終身保険等）について、保険料が現金で支払われたり、保険料が一括で払い込まれたり、短期間で多件数・高額の契約に加入していたりする状況で、短期間に契約解消（クーリングオフ、解約等）がなされる場合、マネロン・テロ資金供与の可能性を検討すべきである。このような状況で海外送金を求められた場合、本肢にあるとおり、短期解約の理由や海外送金が必要な理由、送金先口座の管理状況（口座開設目的、資金の出捐者、通帳・カードの管理者の確認等）について確認することが考えられる。また、送金先口座は、契約者名義であることが望ましいが、名義が異なることを許容するのであれば、当該口座名義人についても、関係各国の制裁リストとの照合等による属性確認が不可欠となろう。なお、確認を行った結果、不自然・不合理な点があれば、国内口座への支払先変更を促すことや疑わしい取引の届出も検討すべきである。

4）不適切である。本肢の場合、海外送金が必要な理由や口座分割を行う理由等を確認し、不自然・不合理な点があれば、国内口座への支払先変更を促すことや疑わしい取引の届出も検討すべきである。

正解　3）

4－22　特定事業者作成書面等①

《問》特定事業者作成書面等に関する次の記述のうち、最も不適切なものはどれか。

1）特定事業者作成書面等とは、金融機関等の特定事業者が取引時確認等を的確に行う措置の一環として作成する書面である。

2）特定事業者作成書面等には、金融機関等が自ら行った調査や分析した取引について、犯罪による収益の移転の危険性の程度等が記載されている。

3）特定事業者作成書面等は、犯罪収益移転防止法により作成が義務付けられているものであるから、必ず書面により作成することとし、電磁的記録による作成は認められていない。

4）特定事業者作成書面等では、金融機関等の特定事業者が実際に行っていない取引については、リスク評価の対象となっていない。

・解説と解答・

1）適切である。

2）適切である（犯罪収益移転防止法11条4号、同法施行規則32条1項1号）。

3）不適切である。電磁的記録による作成も認められている（犯罪収益移転防止法11条4号、同法施行規則32条1項1号）。

4）適切である。

正解　3）

4－23　特定事業者作成書面等②

《問》特定事業者作成書面等に関する次の記述のうち、最も適切なものはどれか。

1）特定事業者作成書面等は、特定事業者が実際に行っていない取引も含めて調査・分析し、リスク評価の対象として記載・記録する必要がある。

2）特定事業者作成書面等では、「新たな技術を活用して行う取引その他新たな態様による取引」も調査対象取引となっており、新たな情報通信技術を用いた取引等であってマネー・ローンダリングに悪用されるおそれのある取引などを調査する必要がある。

3）特定事業者作成書面等については、事業者の業態や規模、リスク等にかかわらず、国内の金融機関等において一律の記載方法とする必要がある。

4）特定事業者作成書面等は、2016年に改正された犯罪収益移転防止法等によって作成が義務付けられており、施行から1年6カ月以内に整備することが求められた。

・解説と解答・

1）不適切である。特定事業者作成書面等は、特定事業者が実際に行っていない取引については、リスク評価の対象外となる。

2）適切である（犯罪収益移転防止法11条4号、同法施行規則32条1項1号）。

3）不適切である。特定事業者作成書面等の記載方法等については、事業者の業態、業務、規模、リスク等に応じ、各金融機関等において個別に判断されることになる。

4）不適切である。特定事業者作成書面等は、2016年に改正された犯罪収益移転防止法によって制定された制度であるが、作成時期については特段の定めはない。

正解　2）

第5章

管理態勢

5－1　マネロン・テロ資金供与対策に係る管理態勢

《問》マネロン・テロ資金供与対策に係る管理態勢に関する次の記述のうち、最も適切なものはどれか。

1）金融機関等としてのマネロン・テロ資金供与対策は、FATF審査対応が最重要な課題であり、FATF勧告が定める基準に沿った方針・手続・計画を策定することが主な目的である。

2）全社的な内部管理態勢の構築のためには、外部のコンサルタント会社から、マネロン・テロ資金供与対策に係る責任・権限を有する者を任命する等、強固なガバナンス態勢を構築する必要がある。

3）マネロン・テロ資金供与対策の実効性は、担当役員のみの理解に依拠することに留意が必要である。

4）金融機関等としてのマネロン・テロ資金供与対策は、継続的な取組みとして位置付けるべきであり、方針・手続・計画の策定とその運用・実施に加えて、策定内容等の実効性を検証し、不断に見直しを行っていく必要がある。

・解説と解答・

1）不適切である。金融機関等としてのマネロン・テロ資金供与対策は、FATF審査対応といった一過性のものではなく、金融機関等が、将来にわたりマネー・ローンダリングやテロ資金供与に利用されることのないよう継続的な取組みとして位置付けることが重要である。

2）不適切である。マネロン・テロ資金供与対策に係る責任・権限を有する者は役員のなかから任命する。

3）不適切である。マネロン・テロ資金供与対策の実効性は、実際に方針・手続・計画等に関わるすべての職員の理解に依拠することに留意が必要である。

4）適切である。

正解　4）

5－2　マネロン・テロ資金供与対策に係る方針・手続・計画等の策定・実施・検証・見直し（PDCA）

《問》金融庁ガイドラインにおける、マネロン・テロ資金供与対策に係る方針・手続・計画等の策定・実施・検証・見直し（PDCA）に関する次の記述のうち、最も不適切なものはどれか。

1）マネロン・テロ資金供与対策として、自らの業務分野や営業地域、マネロン・テロ資金供与に関する動向等を踏まえた方針・手続・計画等を策定し、顧客受入れに関する方針や記録保存等の具体的な手法を全社的に適用することが、金融機関等に求められている。

2）マネロン・テロ資金供与対策として、リスク低減措置を講じてもなお残存するリスクを評価し、当該リスクの許容度や金融機関等への影響に応じて、取扱いの有無を含めたリスク低減措置の改善や更なる措置の必要性について検討することが、金融機関等に求められている。

3）マネロン・テロ資金供与対策として、自らの規模や特性、業容等を踏まえ、所管する専担部室を設置することが、金融機関等に義務付けられている。

4）マネロン・テロ資金供与対策として、内部情報や内部通報、職員からの質疑等の情報も踏まえて、リスク管理態勢の実効性の検証を行うことが、金融機関等の内部監査部門および管理部門に求められている。

・解説と解答・

1）適切である。「マネロン・テロ資金供与対策に係る方針・手続・計画等」における「計画」とは、個々の金融機関等のマネロン・テロ資金供与対策の実効性を高めるための内部管理態勢、監査、研修等の一連の計画を想定している。例えば、金融庁ガイドラインにおける「対応が求められる事項」と個々の金融機関等の現状とのギャップがある場合には、それを解消するための完了期限を付した行動計画も含まれる。なお、ここでいう「計画等」は、上記の趣旨を踏まえた有効なものであれば、「方針・手続」と併せて付属書類等として整備することも許容されるものと考えられるが、方針・手続・計画等は、それぞれ異なる文書で策定されることを想定している（ガイドラインFAQ）。

2）適切である。

3）不適切である。所管する専担部室を設置することは、金融庁ガイドラインにおいて「対応が期待される事項」となっているため、義務付けられているわけではない。また、「必要に応じ、外部専門家等によるレビューを受けること」「マネロン・テロ資金供与リスク管理態勢の見直しや検証等について外部専門家等のレビューを受ける際には、検証項目に照らして、外部専門家等の適切性や能力について、外部専門家等を採用する前に、経営陣に報告しその承認を得ること。また、必要に応じ、外部専門家等の適切性や能力について、内部監査部門が事後検証を行うこと」も「対応が期待されている事項」である。

4）適切である。リスク管理態勢の実効性の検証を行う際に、留意すべき事項について、管理部門および内部監査部門においてリスク管理態勢の実効性の検証を行う場合には、自らの個別具体的な事情を踏まえ、実効的な検証を行うために、さまざまな事情を考慮したうえで検証項目を設定することが求められる。内部情報、内部通報、職員からの質疑等といった情報は、自らのリスク管理態勢が有効であるか（第１線にとって、実施が可能かつ容易かなど）を検証するための有用な情報となる（例えば、質問が多い事項については、ルールがわかりにくい可能性があり、記載方法を見直すことが考えられる）（ガイドラインFAQ）。

正解　3）

5－3　マネロン・テロ資金供与対策に係る経営陣の関与・理解①

《問》金融庁ガイドラインにおける、マネロン・テロ資金供与対策に係る経営陣の関与・理解に関する次の記述のうち、最も適切なものはどれか。

1）経営陣の関与として、各営業店において、犯罪収益移転防止法等で規定される管理職レベルのマネロン・テロ資金供与対策の担当者（統括管理者）を少なくとも１名選任し、配置することが求められている。

2）経営陣の関与として、マネロン・テロ資金供与対策に係る責任者を役員のなかから任命し、必要な情報を提供することで、当該役員がマネロン・テロ資金供与対策を内外に説明できるような態勢を構築することが求められている。

3）経営陣の関与として、マネロン・テロ資金供与対策がFATF審査対応の一環であることを理解し、それぞれの金融機関等がどのようなレベルで対応すべきかについて、金融当局から具体的な手法等を聴取し、内部で周知することが求められている。

4）経営陣の関与として、営業部門や管理部門、内部監査部門でのマネロン・テロ資金供与対策の責任・権限を明確にするとともに、その後の意識向上のための研修等については、各部門に権限を委譲し、それぞれの権限に基づき実施させることが求められている。

・解説と解答・

1）不適切である。金融機関等における統括管理者の選任・配置は努力義務となっている。また、統括管理者は、特定事業者の規模や組織構成によりさまざまな者であることが想定されるため、その選任は、必ずしも各営業店等で１名とされているものではなく、例えば、部門ごとに選任することも想定されている。

2）適切である。

3）不適切である。金融機関のマネロン・テロ資金供与リスクは、自らの経営戦略等を踏まえた業務運営により増減するものであり、対応レベルは金融当局から具体的に示されるものではなく、自らのリスクに応じて、経営陣が主導的に関与し、対応の高度化を推進していく必要がある。

4）不適切である。マネロン・テロ資金供与対策における経営陣の関与とは、営業部門、管理部門、内部監査部門でのマネロン・テロ資金供与対策の責任・権限を明確にすることだけでなく、有効性の検証を通して資源配分を見直したり、自ら も関連研修に積極的に参加したり、経営戦略における重要な課題の１つとして位置付け、全役職員に対して経営陣として明確な姿勢・方針を示したりすることなども含まれる。

正解　2）

5－4　マネロン・テロ資金供与対策に係る経営陣の関与・理解②

《問》金融庁ガイドラインにおける、マネロン・テロ資金供与対策に係る経営陣の関与・理解に関する次の記述のうち、最も不適切なものはどれか。

1）金融機関等の経営陣として、マネロン・テロ資金供与対策に係る責任者を役員のなかから任命し、職務をまっとうするに足る必要な権限等を付与することが求められている。

2）金融機関等の経営陣として、マネロン・テロ資金供与対策に係る役員・部門間での連携の枠組みを構築することが求められている。

3）金融機関等の経営陣として、マネロン・テロ資金供与対策の重要性を踏まえ、専門性を有する人材の所管部門への配置および必要な予算の配分等を行うことが求められている。

4）金融機関等の経営陣として、マネロン・テロ資金供与対策の遵守・取組状況等を適切に勘案して、全役職員における対策の貢献度を加味した人事制度・報酬制度を構築することが義務付けられている。

・解説と解答・

1）適切である。金融庁ガイドラインでは、従来の監督指針の内容から更に踏み込み、マネロン・テロ資金供与対策への経営陣の主導的な関与として、以下の項目を「対応が求められる事項」として挙げている。

・マネロン・テロ資金供与対策を経営戦略等における重要な課題の1つとして位置付けること

・役員のなかから、マネロン・テロ資金供与対策に係る責任を担う者を任命し、職務をまっとうするに足る必要な権限等を付与すること

・当該役員に対し、必要な情報が適時・適切に提供され、当該役員が金融機関等におけるマネロン・テロ資金供与対策について内外に説明できる態勢を構築すること

・マネロン・テロ資金供与対策の重要性を踏まえたうえで、所管部門への専門性を有する人材の配置および必要な予算の配分等、適切な資源配分を行うこと

・マネロン・テロ資金供与対策に関わる役員・部門間での連携の枠組みを構築すること

・マネロン・テロ資金供与対策の方針・手続・計画等の策定および見直しについて、経営陣が承認するとともに、その実施状況についても、経営陣が定期的および随時に報告を受け、必要に応じて議論を行うなど、経営陣の主導的な関与があること
・経営陣が、職員へのマネロン・テロ資金供与対策に関する研修等につき、自ら参加するなど、積極的に関与すること

2）適切である。

3）適切である。

4）不適切である。役職員の人事・報酬制度等において、マネロン・テロ資金供与対策の遵守・取組状況等を適切に勘案することは、マネロン・テロ資金供与対策に係る経営陣の関与・理解に関し「対応が期待される事項」として挙げられており、対応が義務付けられているわけではない。

正解　4）

５－５　マネロン・テロ資金供与対策に係る経営管理（３つの防衛線）

《問》金融庁ガイドラインにおける、マネロン・テロ資金供与対策に係る「３つの防衛線」に関する次の記述のうち、最も不適切なものはどれか。

1）マネロン・テロ資金供与対策における経営管理は、第１の防衛線である営業部門、第２の防衛線である管理部門、第３の防衛線である内部監査部門という３つの防衛線の概念で整理することができる。

2）マネロン・テロ資金供与対策における第１の防衛線である営業部門は、取引時確認や疑わしい取引の届出等を単なる事務と捉えず、顧客と直接対面している立場から、リスクに対し最初に直面し、これを防止する役割を担っているという認識を持つ必要がある。

3）マネロン・テロ資金供与対策における第２の防衛線は、営業部門における事務やコンプライアンス、リスクを統括する管理部門に加えて、取引モニタリングシステムを所管するシステム部門や専門性を有する人材の育成・確保を担う人事部門も含まれる。

4）マネロン・テロ資金供与対策における第３の防衛線である内部監査部門は、厳しい独立性が求められていることから、第１の防衛線である営業部門や第２の防衛線である管理部門との情報連携や意見交換は極力避け、公正な監査業務に専念する必要がある。

・解説と解答・

1）適切である。

2）適切である。

3）適切である。

4）不適切である。「３つの防衛線」の第３の防衛線である内部監査部門は、独立の立場から、全社的なマネロン・テロ資金供与対策に係る方針・手続・計画の有効性について検証し、必要な提言を行うことが求められている。そのため、第１の防衛線、第２の防衛線のそれぞれの状況を理解しておくべきであり、日頃の情報交換は、実効性ある監査を効率的に実施する観点からも重要である。

正解　４）

5－6　マネロン・テロ資金供与対策に係る経営管理（第1の防衛線）

《問》金融庁ガイドラインにおける、マネロン・テロ資金供与対策に係る「第1の防衛線」に関する次の記述のうち、最も不適切なものはどれか。

1）第1の防衛線では、属するすべての職員が、自らの部門・職務において必要なマネロン・テロ資金供与対策に係る方針・手続・計画等を十分理解し、リスクに見合った低減措置を的確に実施することが求められている。

2）金融機関等は、マネロン・テロ資金供与対策に係る方針・手続・計画等を整備・周知し、研修等の機会を設けて徹底を図るなど、第1の防衛線が行う業務に応じて、マネロン・テロ資金供与リスクの理解の促進等に必要な措置を講じることが求められている。

3）マネロン・テロ資金供与対策に係る方針・手続・計画等の整備・周知は、第2の防衛線である管理部門に任せ、第1の防衛線は、管理部門より示された手続のみに専念することが求められている。

4）第1の防衛線では、取引時確認等が求められる顧客と接点を持つ窓口担当者に限らず、そこに属する管理職等を含むすべての職員が、マネロン・テロ資金供与リスクを正しく理解し、リスクの度合いに応じた業務運営を行うことが求められている。

・解説と解答・

1）適切である。

2）適切である。

3）不適切である。第1の防衛線である営業部門は、現場におけるマネロン・テロ資金供与リスクに文字どおり第1線で対峙し、マネロン・テロ資金供与の兆候を水際で検知して防止する役割を担う。そのため、マネロン・テロ資金供与対策を管理部門任せにせず、また、手続を遵守することのみに専念することがないよう、マネロン・テロ資金供与対策に係る方針・手続・計画などにも関与し、十分にその内容を理解する必要がある。

4）適切である。

正解　3）

5－7　マネロン・テロ資金供与対策に係る経営管理（第２の防衛線）

《問》金融庁ガイドラインにおける、マネロン・テロ資金供与対策に係る「第２の防衛線」に関する次の記述のうち、最も不適切なものはどれか。

1）第２の防衛線では、第１の防衛線におけるマネロン・テロ資金供与対策に係る方針・手続・計画等の遵守状況の確認や低減措置の有効性の検証等により、マネロン・テロ資金供与リスクの管理態勢が有効に機能しているか、監視等を行うことが求められている。

2）第２の防衛線では、第１の防衛線に対し、マネロン・テロ資金供与に係る情報の提供や質疑への応答を行うほか、具体的な対応方針等について協議をするなど、十分な支援を行うことが求められている。

3）第２の防衛線では、マネロン・テロ資金供与対策の主管部門にとどまらず、マネロン・テロ資金供与対策に関係するすべての管理部門の責務を明らかにし、それぞれの部門の責務について認識を共有するとともに、主管部門と他の関係部門が協働する態勢を整備し、密接な情報共有・連携を図ることが求められている。

4）第２の防衛線では、第１の防衛線に対し、マネロン・テロ資金供与対策に係る適切な知識および専門性等を有する職員を法令等で定める人員等に配慮して配置することが求められている。

・解説と解答・

1）適切である。

2）適切である。

3）適切である。

4）不適切である。第２の防衛線では、自らが所属する管理部門にマネロン・テロ資金供与対策に係る適切な知識および専門性等を有する職員を配置することが求められている。なお、人員等の配置について、具体的な人数等を定めた法令等はない。

正解　4）

5－8　マネロン・テロ資金供与対策に係る経営管理（第3の防衛線）

《問》金融庁ガイドラインにおける、マネロン・テロ資金供与対策に係る「第3の防衛線」に関する次の記述のうち、最も不適切なものはどれか。

1）第3の防衛線では、リスクが高いと判断した業務以外については監査対象から除外し、リスクが高い業務に特化して、その頻度や深度を適切に調整して監査を行うなどの対応を行うことが求められている。

2）第3の防衛線では、マネロン・テロ資金供与対策に係る方針・手続・計画等の適切性に関する監査計画を策定し、適切に監査を実施することが求められている。

3）第3の防衛線では、マネロン・テロ資金供与対策に係る方針・手続・計画等を遂行する職員の専門性や適合性等を監査計画に策定し、適切に監査を実施することが求められている。

4）第3の防衛線では、マネロン・テロ資金供与対策に係る検知基準の有効性等を含むITシステムの運用状況を監査計画に策定し、適切に監査を実施することが求められている。

・解説と解答・

1）不適切である。第3の防衛線では、リスクが高いと判断した業務以外についても、一律に監査対象から除外せず、頻度や深度を適切に調整して監査を行うなどの必要な対応を行うことが求められている。

2）適切である。

3）適切である。

4）適切である。金融庁ガイドラインでは、第3の防衛線に対し、以下の対応を求めている。

- 以下の事項を含む監査計画を策定し、適切に実施すること
  - マネロン・テロ資金供与対策に係る方針・手続・計画等の適切性
  - マネロン・テロ資金供与対策に係る方針・手続・計画等を遂行する職員の専門性・適合性等
  - マネロン・テロ資金供与対策に関する職員に対する研修等の実効性

- ・営業部門における異常取引の検知状況
- ・検知基準の有効性等を含むITシステムの運用状況
- ・検知した取引についてのリスク低減措置の実施、疑わしい取引の届出状況

・自らの直面するマネロン・テロ資金供与リスクに照らして、監査の対象・頻度・手法等を適切なものとすること
・リスクが高いと判断した業務等以外についても、一律に監査対象から除外せず、頻度や深度を適切に調整して監査を行うなどの必要な対応を行うこと
・内部監査部門が実施した内部監査の結果を監査役および経営陣に報告するとともに、監査結果のフォローアップや改善に向けた助言を行うこと
・内部監査部門にマネロン・テロ資金供与対策に係る適切な知識および専門性等を有する職員を配置すること

正解　1）

5－9　マネロン・テロ資金供与対策に係るグループベースの管理態勢①

《問》金融庁ガイドラインにおける、マネロン・テロ資金供与対策に係るグループベースの管理態勢に関する次の記述のうち、最も適切なものはどれか。

1）金融機関等がグループを形成している場合、マネロン・テロ資金供与対策の対象となるグループ会社の範囲は、犯罪収益移転防止法等における特定事業者に該当する会社のみとなる。

2）金融機関等がグループを形成している場合、マネロン・テロ資金供与リスクはグループ各社の業容や提供サービスによって異なるため、マネロン・テロ資金供与対策に係る方針・手続・計画等は、それぞれの自主的な対応に委ねるべきである。

3）金融機関等がグループを形成している場合、マネロン・テロ資金供与対策の対象となるグループ会社の範囲は、日本国内の会計上の連結子会社や持分法適用会社といった基準によって定義される。

4）金融機関等がグループとして一貫したマネロン・テロ資金供与対策に係る方針・手続・計画等を策定し、業務分野や営業地域等を踏まえながら、顧客の受入れに関する方針、顧客管理、記録保存等の具体的な手法等について、グループ全体で整合的な形で、これを実施することが求められている。

・解説と解答・

1）不適切である。グループを形成している金融機関等においては、法令等にとらわれず、会社の規模や顧客属性等の要因に応じたマネロン・テロ資金供与対策を講じたほうがよい。

2）不適切である。マネロン・テロ資金供与対策に係るリスクの評価や軽減措置、有効性の検証等をグループ各社がそれぞれの状況に応じて適切に実施することは必要であるが、マネロン・テロ資金供与対策に係る方針・手続・計画等の基本的な事項は、グループ全体の統一方針として規定したほうがよい。また、グループ全体としてマネロン・テロ資金供与対策が有効に機能していることを確認するためのグループ間の情報共有態勢も方針として盛り込んだほうがよい。

3）不適切である。グループの範囲については、金融庁ガイドラインがグループベースの管理態勢の構築を求めている趣旨にかんがみ、グループ各社のリスク等に応じて、個別具体的に判断する必要があり、（連結）子会社や持分法適用会社といった持分割合によって機械的に判断されるものではない。グループを形成する各事業者に求められる水準についても、グループ各社のリスク等に応じて、個別具体的に判断する必要があるが、それらの判断は、グループ全体を監視している本社のグループ管理を統括する部署の承認を得る必要がある（ガイドラインFAQ）。

4）適切である。

正解　4）

5－10　マネロン・テロ資金供与対策に係るグループベースの管理態勢②

《問》金融庁ガイドラインにおける、マネロン・テロ資金供与対策に係るグループベースの管理態勢に関する次の記述のうち、最も適切なものはどれか。

1）グループベースの管理態勢として、マネロン・テロ資金供与対策における情報共有態勢の整備が求められているが、犯罪収益移転防止法等に基づく疑わしい取引の届出は、個人情報の保護に関する法律で定める「個人データの第三者提供の制限」の例外には該当しないため、必ず本人の同意を得たうえで共有を図る必要がある。

2）グループベースの管理態勢として、マネロン・テロ資金供与対策における情報共有態勢の整備が求められているが、金融商品取引法上、グループ内において顧客等に関する非公開情報を授受することは原則として制限されているため、必ず本人の同意を得たうえで共有を図る必要がある。

3）グループベースの管理態勢として、外国金融グループの在日拠点は、グループ全体としてのマネロン・テロ資金供与リスクにおける管理態勢および日本の金融機関等との取引状況等について、日本の金融当局等に説明責任を果たすことが求められている。

4）グループベースの管理態勢として、海外拠点を有する金融機関等のグループは、各海外拠点で適用されるマネロン・テロ資金供与対策に係る法規制等を遵守する必要があるが、海外拠点が属する国・地域の法規制等が日本の法規制等よりも厳格でない場合であっても、当該国・地域の法規制等を遵守することが求められている。

・解説と解答・

1）不適切である。マネロン・テロ資金供与対策における情報共有については、個人情報の保護に関する法律（個人情報保護法）が定める「個人データの第三者提供の制限」が問題となるが、犯罪収益移転防止法等に基づく疑わしい取引の届出をした顧客情報や取引情報は、個人情報保護法が定める「個人データの第三者提供の制限」の例外である「人の生命、身体又は財産の保護のために必要がある場合であって、本人の同意を得ることが困難であるとき」（同法27条１項２号）に含まれると解されているため、本人の同意を得なくても個人データのグループ内提供が可能となる。

2）不適切である。マネロン・テロ資金供与対策における情報共有については、金融商品取引法上、有価証券関連業を行う第１種金融商品取引業者等および銀行等の登録金融機関がグループ内において、顧客等に関する非公開情報を授受することを原則として制限する「ファイヤーウォール規制」が問題となるが、金融庁ガイドラインの「対応が求められる事項」にある「マネロン・テロ資金供与対策の実効性確保等のために必要なグループ内での情報共有態勢を整備すること」は、法令遵守のために必要なものであり、こうした制限の適用除外規定（金融商品取引業等に関する内閣府令153条３項１号等）に該当し、顧客の事前書面同意なしにグループ内で共有することが可能であると考えられる。

3）適切である。

4）不適切である。海外拠点等を有する金融機関等のグループにおいて、各海外拠点等の属する国・地域の法規制等が日本よりも厳格でない場合は、日本の法規制等を遵守し、これが当該国・地域の法令等で許容されない場合は、日本の金融当局に情報提供を行うことが求められている。なお、当該国・地域の法規制等が日本よりも厳格である場合は、当該国・地域の法規制等を遵守すべきである。その他、金融庁ガイドラインでは、マネロン・テロ資金供与対策に係るグループベースの管理態勢として、以下の項目を金融機関等に「対応が求められる事項」として挙げている。

・グループとして一貫したマネロン・テロ資金供与対策に係る方針・手続・計画等を策定し、業務分野や営業地域等を踏まえながら、顧客の受入れに関する方針、顧客管理、記録保存等の具体的な手法等について、グループ全体で整合的な形で、これを実施すること
・グループ全体としてのリスク評価やマネロン・テロ資金供与対策の実効性確保等のために、必要なグループ内での情報共有態勢を整備すること
・海外拠点等を有する金融機関等のグループは、各海外拠点等に適用されるマネロン・テロ資金供与対策に係る法規制等を遵守するほか、各海外拠点等に内在するリスクの特定・評価を行い、可視化したうえで、リスクに見合う人員配置を行うなどの方法により、グループ全体での適切な低減措置を講じること
・海外拠点等を有する金融機関等のグループは、各海外拠点等に適用される情報保護法制や外国当局のスタンス等を理解したうえで、グループ全

体として整合的な形でマネロン・テロ資金供与対策を適時・適切に実施するため、異常取引に係る顧客情報・取引情報およびその分析結果、疑わしい取引の届出状況等を含む、必要な情報の共有や統合的な管理等を円滑に行うことができる態勢（必要なITシステムの構築・更新を含む）を構築すること（海外業務展開の戦略策定に際しては、こうした態勢整備の必要性を踏まえたものとすること）
・外国金融グループの在日拠点においては、グループ全体としてのマネロン・テロ資金供与リスクの管理態勢およびコルレス先を含む日本の金融機関等との取引状況について、当局等を含むステークホルダーに説明責任を果たすこと

正解　3）

５－11　マネロン・テロ資金供与対策に係る職員の確保・育成

《問》金融庁ガイドライン等における、マネロン・テロ資金供与対策に係る職員の確保・育成に関する次の記述のうち、最も適切なものはどれか。

１）管理部門（第２の防衛線）は、マネロン・テロ資金供与対策についての理解を深めるための研修を実施する必要があるが、研修を受けた営業部門（第１の防衛線）の職員の理解度や研修によって現場での対応が徹底されたかについては、営業部門自身が責任を持って検証すべきである。

２）管理部門（第２の防衛線）は、取引時確認等を含む顧客管理の具体的方法について、職員が役割に応じて的確に理解することができるよう、わかりやすい資料等を用いて周知徹底を図るほか、適切かつ継続的な研修等を行うことが求められている。

３）マネロン・テロ資金供与対策の研修の目的は、金融庁ガイドラインを含めた関連法規制の知識の付与に限られる。

４）特定事業者である金融機関等は、使用人に対する教育訓練の実施および取引時確認等の的確な実施に必要な能力を有する者を特定業務に従事する職員として採用することが求められており、これらは、犯罪収益移転防止法等により義務化されている。

・解説と解答・

１）不適切である。管理部門（第２の防衛線）が実施する研修の目的は、研修の実施そのものではなく、研修を受けた者が、マネロン・テロ資金供与対策についての理解を深めて実践に活かすことであり、そのために管理部門（第２の防衛線）は単に研修を実施するだけでなく、理解度の確認、研修内容の検証、その他のフォローアップ等を行う必要がある。

２）適切である。金融庁ガイドラインでは、マネロン・テロ資金供与対策に係る職員の確保・育成として、以下の項目を金融機関等に「対応が求められる事項」として挙げている。

・マネロン・テロ資金供与対策に関わる職員について、その役割に応じて、必要とされる知識、専門性のほか、研修等を経たうえで、取引時確認等の措置を的確に行うことができる適合性等について、継続的に確認

することと

・取引時確認等を含む顧客管理の具体的方法について、職員が、その役割に応じて的確に理解することができるよう、わかりやすい資料等を用いて周知徹底を図るほか、適切かつ継続的な研修等を行うこと
・当該研修等の内容が、自らの直面するリスクに適合し、必要に応じ最新の法規制、内外の当局等の情報を踏まえたものであり、また、職員等への徹底の観点から改善の余地がないか分析・検討すること
・研修等の効果について、研修等の内容の遵守状況の検証や職員等に対するフォローアップ等の方法により確認し、新たに生じるリスク等も加味しながら、必要に応じて研修等の受講者・回数・受講状況・内容等を見直すこと
・全社的な疑わしい取引の届出状況や管理部門に寄せられる質問内容・気づき等を営業部門に還元するほか、営業部門内においてもこうした情報を各職員に的確に周知するなど、営業部門におけるリスク認識を深めること

3）不適切である。研修については、法令等の知識を付与するだけでなく、その職責や業務内容に応じて必要な知識、見識を付与するものと考えられる。したがって、職員がその役割に応じて必要な知識等を獲得し、業務の流れのなかで、獲得した知識を活用する場面を理解させるため、職員の理解度等に応じて、継続的に研修を実施していく必要があると考えられる（ガイドラインFAQ）。

4）不適切である。これらの実施は、犯罪収益移転防止法等では「努力義務」となっている。

正解　2）

5－12　確認記録の記載事項に関する態勢整備

《問》取引時確認を行った場合に作成する「確認記録」の記載事項等に関する次の記述のうち、最も不適切なものはどれか。

1）確認記録には、顧客が自然人である場合、氏名や住居、生年月日等の本人特定事項や、取引を行う目的、職業等を記載しなければならない。

2）確認記録には、本人確認書類の名称や記号番号等、その他本人確認書類を特定するに足りる事項等の本人特定事項の確認のためにとった措置等を記載しなければならない。

3）確認記録には、顧客が日本に住居を有しない短期在留者であって、上陸許可の証印等により在留期間の確認を行った場合、上陸許可の証印等の名称や日付、番号、その他当該証印等を特定するに足りる事項を記載しなければならない。

4）確認記録には、顧客等が外国PEPsまたは国内PEPsに該当するときは、その旨およびPEPsと認めた理由を記載しなければならない。

・解説と解答・

1）適切である。

2）適切である。

3）適切である。

4）不適切である。犯罪収益移転防止法等の改正により「顧客等が外国PEPsに該当するときは、その旨及び外国PEPsと認めた理由」（同法施行規則20条1項28号）について、新たに確認をすることになっているが、同法施行規則20条1項各号で定める「確認記録に記録すべき事項」として、国内PEPsに関する規定はない。

正解　4）

5－13　取引記録等に関する態勢整備

《問》取引記録等に関する次の記述のうち、最も不適切なものはどれか。

1）金融機関等の特定事業者は、顧客と特定業務に該当する取引を行った場合、直ちにその取引に関する記録を作成し、当該取引の行われた日から7年間保存しなければならない。

2）金融機関等は、顧客と行う取引が特定業務に該当するかどうかにかかわらず、特定事業者であれば、取引記録等の作成および保存の義務を負っている。

3）取引記録等には、口座番号その他の顧客等の確認記録を検索するための事項（確認記録がない場合は、氏名その他の顧客等または取引を特定するに足りる事項）を記載しなければならない。

4）取引記録等には、取引の日付や取引の種類、取引に係る財産の価額等を記載しなければならない。

・解説と解答・

1）適切である（犯罪収益移転防止法7条1項、3項）。

2）不適切である。特定事業者である金融機関等は、犯罪収益移転防止法等の「特定業務」に該当する取引を行った場合、取引記録等の作成・保存義務を負うが、当該取引が「特定業務以外」であった場合は、犯罪収益移転防止法等の対象外となり、取引記録等の作成・保存義務は負わない（同法7条1項）。

3）適切である（同法施行規則24条）。

4）適切である（同法施行規則24条）。

正解　2）

第6章

顧客管理

6－1　顧客管理における特定取引

《問》犯罪収益移転防止法等における、特定取引に関する次の記述のうち、最も不適切なものはどれか。

1）金融機関等の特定事業者が行う取引のうち、預貯金口座等の開設や200万円を超える大口現金取引、10万円を超える現金送金は「特定取引」に該当し、当該特定事業者は取引時確認を行わなければならない。

2）金融機関等の特定事業者が行う取引のうち、なりすましの疑いがある取引や取引時確認事項を偽っている疑いがある取引に該当する場合、当該特定事業者は厳格な取引時確認を行わなければならない。

3）金融機関等の特定事業者が行う取引のうち、200万円以下の現金取引や外貨両替、10万円以下の現金送金は「顧客管理を行う上で特別の注意を要する」取引であっても、「特定取引」に該当しないため、当該特定事業者は取引時確認を行う必要はない。

4）金融機関等の特定事業者が行う特定取引のうち、資産や収入に見合っている取引ではあるが、一般的な同種の取引と比較して高額な取引である等により、顧客管理を行ううえで特別の注意を要する取引に該当する場合は、当該特定事業者は取引時確認等に加え、統括管理者等による疑わしい点があるかどうかの確認および承認が必要となる。

・解説と解答・

1）適切である。なお、顧客管理を行ううえで特別の注意を要する取引（マネー・ローンダリングの疑いがあると認められる取引、同種の取引の態様と著しく異なる態様で行われる取引、同法施行令7条1項、同法施行規則5条）および明らかに敷居値以下に分割された取引（同法施行令7条3項）も特定取引である。

2）適切である。特定国（イラン・北朝鮮）等に居住・所在している顧客との取引や外国PEPs（重要な公的地位にある者）との取引も厳格な取引時確認を要する取引として挙げられている。

3）不適切である。200万円以下の現金取引・外貨両替や10万円以下の現金送金といった敷居値以下の取引については、原則として取引時確認が不要とされているが、当該取引が、顧客管理を行ううえで特別の注意を要する取引に該当する場合は、特定取引に該当し、取引時確認が必要となっている。

4）適切である。顧客管理を行ううえで特別の注意を要する取引をする際は、統括管理者またはこれに相当する者に当該取引に疑わしい点があるかどうかを確認させることに加えて、統括管理者等の承認を受けることが取引時確認等を的確に行うための措置の１つとして求められている（同法施行規則27条１項３号、32条１項４号）。

正解　3）

6－2　顧客管理における取引時確認義務（自然人との取引）

《問》犯罪収益移転防止法等で定められている、自然人との取引における取引時確認に関する次の記述のうち、最も適切なものはどれか。

1）自然人について確認すべき取引時確認事項は、本人特定事項（氏名、住居、生年月日）、取引を行う目的、職業であるが、これらの確認はすべて申告によらず、書類または写しの提出・送付をもって行わなければならない。

2）自然人の本人確認書類として、健康保険被保険者証（顔写真がない本人確認書類）は、対面の場合のみ、顔写真付きの本人確認書類と同様に、提示のみで本人特定事項の確認が終了する。

3）自然人の本人確認書類として、国民年金手帳は、国民年金法により基礎年金番号の告知を求めることが禁止されているため、本人特定事項の確認の際に用いることができない。

4）自然人の本人確認書類として、個人番号（マイナンバー）カードは、運転免許証等と同様に写真付き証明書である本人確認書類として認められている。

・解説と解答・

1）不適切である。本人特定事項は、本人確認書類等の提示等によって確認を行うことになるが、取引を行う目的および職業に関しては、申告によって確認することが認められている（犯罪収益移転防止法４条１項１～３号等）。

2）不適切である。自然人の本人確認書類として、顔写真のない本人確認書類の提示を受けた場合、当該本人確認書類の提示に加えて、取引関係文書の転送不要郵便等による送付（犯罪収益移転防止法施行規則６条１項１号ロ）、他の本人確認書類（運転免許証や旅券等の写真付き証明書を除く）または補完書類の提示（同法施行規則６条１項１号ハ）、他の本人確認書類またはその写しの送付（同法施行規則６条１項１号ニ）、補完書類またはその写しの送付（同法施行規則６条１項１号ニ）のいずれかによる２次的確認措置が必要となる。

3）不適切である。国民年金手帳は、顧客等の本人特定事項の確認の際に本人確認書類として用いることができる。国民年金法により基礎年金番号の告知を求めることは禁止されている（国民年金法108条の５）が、犯罪収益移転防止法等の規定のとおり事務処理をしている場合は、直ちにこれらの規定に反するものではないと考えられている。

４）適切である（犯罪収益移転防止法施行規則７条１号イ）。なお、個人番号の収集等は、行政手続における特定の個人を識別するための番号の利用等に関する法律（番号法）に基づき、原則として禁止されていることから、個人番号カードの写しの送付を受けることにより本人特定事項の確認を行う場合、個人番号カードの表面の写しのみの送付を受けることで足り、個人番号が記載されている個人番号カードの裏面の写しの送付を受ける必要はない。個人番号カードの裏面の写しの送付を受けた際は、当該裏面の部分を復元できないようにして廃棄したり、当該書類の個人番号部分を復元できない程度にマスキングしたりしたうえで、当該写しを確認記録に添付することが必要となる。なお、確認記録には「記号番号その他の当該本人確認書類または補完書類を特定するに足りる事項」（犯罪収益移転防止法施行規則20条１項17号）を記載する必要があるが、個人番号の収集制限違反となるため、個人番号は記録することができない。もっとも、単に「個人番号カード」と記載しただけでは、「特定するに足りる」とはいえないことから、「個人番号カード」との名称に加えて、発行者および有効期限についても記録する必要がある。

正解　４）

6－3　顧客管理における取引時確認義務（法人との取引）

《問》犯罪収益移転防止法等で定められている、法人との取引における取引時確認に関する次の記述のうち、最も適切なものはどれか。

1）法人について確認すべき取引時確認事項は、本人特定事項（名称、主たる事務所等の所在地)、取引を行う目的および事業内容をすべて書面で確認するとともに、実質的支配者の有無、実質的支配者および取引担当者（代表者等）の本人特定事項の確認が必要となる。

2）対面取引による法人の本人特定事項は、提示を受ける日前1年以内に作成された登記事項証明書または印鑑登録証明書、官公庁から発行・発給された書類等で法人の名称および本店または主たる事務所の所在地の記載があるものの提示を受けることで確認する必要がある。

3）非対面取引による法人の本人特定事項は、法人および取引担当者（代表者等）の本人確認書類等の送付を受けるとともに、本人確認書類に記載されている法人の本店等所在地宛に取引に係る文書を書留郵便等により転送不要郵便物等として送付し、到着したことを確認することにより行う方法がある。

4）対面取引による法人の取引時確認事項では、取引担当者（代表者等）が正当な取引権限を有していることを確認する必要があり、具体的な取引担当者（代表者等）の確認方法としては、当該法人が発行している身分証明書（社員証等）の提示によって確認することが認められている。

•解説と解答•

1）不適切である。法人について確認すべき取引時確認事項において、「取引を行う目的」は申告によって行う。

2）不適切である。対面取引による法人の本人特定事項の確認において提示を受ける登記事項証明書または印鑑登録証明書は、当該提示を受ける日前6カ月以内に作成されたものに限られる（犯罪収益移転防止法4条1項1号等)。

3）適切である（犯罪収益移転防止法4条1項1号、同法施行規則6条1項3号ニ)。

4）不適切である。2014年の犯罪収益移転防止法等の改正により、取引担当者（代表者等）の確認方法として、「当該法人が発行している社員証等の提示」による確認は認められなくなった。また、「法人の役員として登記されていること」による確認も「法人を代表する権限を有する役員として登記されていること」による確認に限定されることになった。2016年10月施行の犯罪収益移転防止法等のこれらの改正は、社員証等の身分証明書を有していることや当該法人の役員として登記されていることは、代理権を確認できるものではなく、代表者等と法人の関係を示すものにすぎないとのFATFからの指摘を受けたことが背景となっている。なお、取引担当者（代表者等）の確認方法としては、①法人が作成した委任状を有していること、②法人を代表する権限を有する役員として登記されていること、③法人等に電話をかける方法、その他のこれに類する方法、④法人と取引担当者の関係をよく認識していることにより、当該法人のために取引の任に当たっていることが明らかである場合が認められている。

正解　3）

6－4　顧客管理における取引時確認義務（取引時確認済みの顧客）

《問》犯罪収益移転防止法等で定められている、取引時確認済みの顧客との取引に関する次の記述のうち、最も不適切なものはどれか。

1）取引時確認を行ったことのある顧客との取引において、当該取引が特定取引に該当せず、かつ、厳格な取引時確認を要する取引にも該当しない場合、通常の取引時確認を行う必要がある。
2）取引時確認を行ったことのある顧客との取引において、当該取引が特定取引に該当し、かつ、厳格な取引時確認を要する取引にも該当する場合、厳格な取引時確認を行う必要がある。
3）取引時確認を行ったことのある顧客との取引において、当該取引が特定取引には該当するが、厳格な取引時確認を要する取引には該当しない場合、取引時確認済顧客に行う確認方法を行っていれば、取引時確認は完了する。
4）取引時確認を行ったことのある顧客との取引において、当該取引が特定取引には該当するが、厳格な取引時確認を要する取引には該当せず、取引時確認済顧客に行う確認方法を行っていない場合、通常の特定取引として取引時確認を行う必要がある。

・解説と解答・

1）不適切である。取引時確認を行ったことのある顧客との取引に限らず、当該取引が特定取引に該当しない場合は、取引時確認を行う必要はない。
2）適切である。
3）適切である。
4）適切である。取引時確認済顧客に行う確認方法とは、「預貯金通帳など、顧客が確認記録に記録されている顧客と同一であることを示す書類等の提示または送付を受けること」「顧客しか知りえない事項など、顧客が確認記録に記録されている顧客等と同一であることを示す事項の申告を受けること」「特定事業者が顧客と面識がある場合など、顧客が確認記録に記録されている顧客等と同一であることが明らかな場合」等であり、当該確認記録に「口座番号その他の顧客等の確認記録を検索するための事項」「取引の日付」「取引の種類」を追加して記録し、当該記録を取引の行われた日から7年間保存しなければならない。なお、2013年4月1日以後に行う

「通常の特定取引」が、それ以前に締結された継続的な契約（契約の締結に際して本人確認を行い、その記録を保存している場合に限る）に基づく取引に該当する場合は、既に本人確認を行っていることを確認することにより、改めて取引時確認を行う必要はない。例えば、2013年1月30日に締結した預貯金契約の締結（継続的な契約の締結）に基づく、2013年4月1日以後の200万円を超える預貯金の払戻し（に基づく取引）などが該当する。

正解　1）

6－5　顧客管理における本人特定事項の確認方法

《問》犯罪収益移転防止法等で定められている、本人特定事項の確認方法に関する次の記述のうち、最も適切なものはどれか。

1）本人特定事項の確認を行う場合において、顧客または代表者等の現在の住居が本人確認書類と異なる場合、他の本人確認書類や公共料金領収書（領収日付の押印または発行年月日の記載があり、その日付が提示等を受ける日前1年以内のものに限る）等の補完書類の提示等を受け、住居等を確認する必要がある。

2）対面で行う個人顧客との通常の特定取引における本人特定事項の確認の際に、「個人番号の通知カード」の提示を受けた場合、個人番号の通知カードに記載されている住居宛に、取引に係る文書を書留郵便等により転送不要郵便物等として送付する方法により確認を行う必要がある。

3）対面で行う個人顧客との継続的な契約に基づく取引に際して、契約の締結に際して行われた取引時確認に偽りの疑いがある場合における本人特定事項の確認方法は、当該継続的な契約に際して確認した書類に加え、別の本人確認書類または補完書類の提示等を受ける必要がある。

4）対面で行う個人顧客との通常の特定取引における本人特定事項の確認の際に、「運転免許証の写し」の提示を受けた場合、当該本人確認書類は犯罪収益移転防止法等で求められる要件を満たすものであるため、追加の確認書類等の提示を受ける必要はない。

・解説と解答・

1）不適切である。補完書類の提示等として受ける公共料金領収書等は、領収日付の押印または発行年月日の記載があり、その日付が提示等を受ける日前「6カ月以内」のものに限られている。

2）不適切である。「個人番号の通知カード」は、個人番号の本人への通知および個人番号の確認のためにのみ発行されるものであること、行政手続における特定の個人を識別するための番号の利用等に関する法律（番号法）に基づく「個人番号の収集」に制限があることにかんがみ、本人確認書類として取り扱うことは適当でないとの見解が内閣府および総務省から示され、国家公安委員会等の告示において、本人確認書類および補完書類から除外されている。なお、個人番号の通知カードは廃止されており、新規発行はされない。

3）適切である。なお、継続的な契約に基づく取引に際して、なりすましまたは偽りの疑いがある場合は、通常の確認方法または追加の確認方法において、当該継続的な契約に際して確認した書類以外の書類を少なくとも1つ確認することとされている。例えば、預貯金契約の締結（継続的な契約）に際して、運転免許証により本人特定事項の確認を行った場合で、契約の締結に際して取引時確認事項に偽りがあると疑われる預貯金の払戻し（に基づく取引）を行うに際しては、運転免許証以外の書類（個人番号カード等）により確認を行うことになる。

4）不適切である。対面で行う個人顧客との通常の特定取引における本人特定事項確認の際に、本人確認書類の「写し」の提示は不可となっている。

正解　3）

6－6　顧客管理措置

《問》犯罪収益移転防止法等で求められる、顧客管理措置に関する次の記述のうち、最も適切なものはどれか。

1）犯罪収益移転防止法等では、「取引時確認をした事項に係る情報を最新の内容に保つための措置」と「内部管理態勢の整備」を法的な義務として特定事業者に求めている。

2）犯罪収益移転防止法等における顧客管理措置に関する規定は、FATF第3次対日相互審査報告書における指摘に基づき創設された。

3）犯罪収益移転防止法等において、特定事業者が講じる「取引時確認をした事項に係る情報を最新の内容に保つための措置」の例として、単発の取引を含む特定取引の顧客の本人特定事項等を最新の内容とするために行う「調査」が挙げられる。

4）犯罪収益移転防止法等において、特定事業者は「取引時確認をした事項に係る情報を最新の内容に保つための措置」として、顧客から「定期的な報告」を受けて情報を取得することが求められている。

・解説と解答・

1）不適切である。犯罪収益移転防止法等では、特定事業者に対して、取引時確認等の措置を的確に行うため「内部管理態勢の整備」を努力義務として求めている（同法11条）。

2）適切である。

3）不適切である。「最新の内容に保つための措置」とは、本人特定事項等の変更があった場合に顧客等が特定事業者にこれを届け出る旨を約款に盛り込むことなどが考えられ、特定事業者が最新の内容を把握するために「調査」を行うことまでは求められていない。また、単発の取引は継続的な関係が想定されず、確認した内容を更新する機会がないことから、最新の情報に保つための措置を講じる必要はないと考えられる。

4）不適切である。犯罪収益移転防止法等で求められる「取引時確認をした事項に係る情報を最新の内容に保つための措置」の具体的内容については、同法上に定めがない。

正解　2）

６－７　顧客管理措置における内部管理態勢の整備①

《問》犯罪収益移転防止法等で求められている、顧客管理措置における内部管理態勢の整備に関する次の記述のうち、最も適切なものはどれか。

1）犯罪収益移転防止法等では、取引時確認等の的確な実施のために、特定業務に従事するにあたり、必要な能力を有する者を採用することが規定されており、金融機関等は、同法等で定められている「一定の資格」を有する者を採用することが求められている。

2）犯罪収益移転防止法等では、取引時確認等の的確な実施のために、必要な監査その他の業務を統括管理する者（統括管理者）を選任することが規定されており、金融機関等は、各営業店に必ず１名の統括管理者を置くことが求められている。

3）犯罪収益移転防止法等では、取引時確認等の的確な実施のために、必要な監査の実施が規定されており、金融機関等は、各年度１回以上の外部による監査を実施することが求められている。

4）犯罪収益移転防止法等では、取引時確認等の的確な実施のために、取引時確認等に関する規程の作成が規定されており、金融機関等は、取引時確認等の措置の実施手順や対応要領等を定めた規程や社内規則、社内マニュアル等を作成することが求められている。

・解説と解答・

1）不適切である（犯罪収益移転防止法施行規則32条１項６号）。「必要な能力を有する者」の採用は、金融機関等の行職員が取引時確認等の措置を的確に行うために要請されるものであり、一定の資格を有する者のみの採用が求められているわけではない。

2）不適切である（犯罪収益移転防止法11条３号）。統括管理者に該当する者は、特定事業者の規模や内部の組織構成によりさまざまな者が想定され、「各営業店に必ず１名」という規定はない。統括管理者のクラスについても、一律に基準があるものではなく、例えば、取引時確認等の措置について一定の経験や知識を有しつつ、実際の取引に従事する者よりも上位の地位にあり、かつ、一定程度独立した立場で業務を統括できる者が想定され、内部監査業務を行う者を統括管理者に選任することも可能である。また、統括管理者が権限を委任することは禁止されておらず、同法施行規則に基づく「特定業務に係る高リスク取引」に関する承認を他の者に委任することも禁止されていない。

3）不適切である（犯罪収益移転防止法施行規則32条1項7号)。監査は、外部監査に限定されず、取引時確認等の的確な実施に資するものであれば、内部監査や社内検査により実施することも可能である。また、監査の頻度については、一律に決まるものではなく、各特定事業者の判断により、取引時確認を的確に行ううえで効果的かつ十分であると認められる程度で足りる。

4）適切である（犯罪収益移転防止法11条2号)。

正解　4）

6－8　顧客管理措置における内部管理態勢の整備②

《問》犯罪収益移転防止法等で求められている、顧客管理措置における内部管理態勢の整備に関する次の記述のうち、最も適切なものはどれか。

1）犯罪収益移転防止法等では、取引時確認等を的確に行うために、使用人に対する教育訓練の実施を規定しており、金融機関等は、使用人等に対して同法等の内容やマネロン・テロ資金供与対策に関する社内規則等を周知させることが求められている。

2）犯罪収益移転防止法等では、特定事業者作成書面等を作成し、必要に応じて見直しを行い、変更を加えることを規定しており、金融機関等は、同法等で定められている作成時期や保存期間、管理方法に従った特定事業者作成書面等の運用を行うことが求められている。

3）犯罪収益移転防止法等では、特定事業者作成書面等の内容を勘案し、確認記録および取引記録等を継続的に精査することを規定しており、金融機関等は、取引が終了している顧客も含め、取引履歴のある全顧客に係る確認記録等を継続的に精査することが求められている。

4）犯罪収益移転防止法等では、特定業務に係る高リスク取引に該当する場合に、取引が発生する都度、統括管理者の承認を受けさせることを規定しており、金融機関等の統括管理者は、取引が発生する都度、必ず取引前に承認することが求められている。

・解説と解答・

1）適切である（犯罪収益移転防止法11条1号）。

2）不適切である（犯罪収益移転防止法施行規則32条1項1号）。特定事業者作成書面等は、国家公安委員会が公表する犯罪収益移転危険度調査書の関係部分をもとに、必要に応じて各特定事業者のリスク要因を加味して作成することになる。この特定事業者作成書面等は、同法等において、作成時期や保存期間、管理方法についての定めはなく、各特定事業者の業態や事業規模等に応じて個別に合理的に判断して決めることとなっている。

3）不適切である（犯罪収益移転防止法施行規則32条1項3号）。同法等において、取引自体が終了した顧客に係る確認記録等の継続的精査は想定されていない。「確認記録・取引記録等を継続的に精査すること」とは、例えば、取引時確認等の措置（取引時確認や取引記録等の保存、疑わしい取引の届出等の措置）を的確に行うため、保存している確認記録および取引記録等を目視で確認した結果、取引を行う目的や職業と整合性があるかどうかなどといった観点から取引の異常を確認することや、システムにより取引の異常を検知することなどが考えられる。なお、継続的に行う精査の頻度は、各特定事業者が取引のリスクの程度や取引の態様等を踏まえ、合理的に判断される範囲で行うこととなっており、一律に決まるものではない。

4）不適切である（犯罪収益移転防止法施行規則32条１項４号）。統括管理責任者が行う承認は、取引の都度行う必要があるが、取引を行うに際して承認すればよく、必ずしも「取引前」に行う必要はない。統括管理者は、承認にあたり、犯罪収益移転危険度調査書の内容を勘案することになっており、取引時確認等の措置を的確に行ううえで効果的かつ十分であると認められるのであれば、統括管理者から委任を受けた者が承認を行うことも可能である。

正解　1）

6－9　顧客管理措置における内部管理態勢の整備③

《問》犯罪収益移転防止法等で求められている、顧客管理措置における内部管理態勢の整備に関する次の記述のうち、最も適切なものはどれか。

1）犯罪収益移転防止法等では、特定業務に係る高リスク取引に関する情報を収集・整理・分析した結果を記載した書面等を作成し、確認記録・取引記録等とともに保存することを規定しており、金融機関等は、確認記録・取引記録等を、それぞれ取引の終了後5年間保存することが求められている。

2）犯罪収益移転防止法等では、取引時確認等の的確な実施のために、必要な監査その他の業務を統括管理する者（統括管理者）の選任を規定しており、選任された統括管理者は、自らが有する権限を他の者に委任することが禁止されている。

3）犯罪収益移転防止法等では、特定事業者作成書面等の内容を勘案し、取引リスクの高低に応じて、必要な情報の収集や整理・分析を行うことなどが求められている。

4）犯罪収益移転防止法等では、特定事業者作成書面等を作成し、必要に応じて見直しを行い、変更を加えることを規定しているが、金融機関等は、特定事業者作成書面等の作成の際、これまで行ったことのない新たな技術や態様による取引については勘案する必要がない。

・解説と解答・

1）不適切である（犯罪収益移転防止法施行規則32条1項5号）。確認記録・取引記録等は、それぞれ取引の終了後7年間保存しなければならない。また、これらの記録等を電磁的記録媒体で保存した場合の期間も、7年間とする必要がある。

2）不適切である（犯罪収益移転防止法11条3号）。統括管理者が権限を他の者に委任することは禁止されていない。

3）適切である（犯罪収益移転防止法施行規則32条1項2号、3号）。

4）不適切である（犯罪収益移転防止法施行規則32条1項1号）。同法等では、特定事業者が取引時確認等の措置を的確に行うために講ずべき措置として、自らが行う取引について調査・分析し、当該取引による犯罪収益の移転の危険性の程度、その他の調査および分析の結果を記載し、または記録した書面・電磁的記録（特定事業者作成書面等）を作成し、必要に応じて見直しを行い、変更を加えることを規定しているが、ここでいう「自らが行う取引」には、新たな技術を活用して行う取引や新たな態様による取引が含まれている。

正解　3）

6－10　外国PEPsの顧客管理①

《問》犯罪収益移転防止法等で定められる、外国PEPsに関する次の記述のうち、最も適切なものはどれか。

1）外国PEPsには、自然人のほか、その者が実質的な支配者である法人も含まれる。
2）外国PEPsには、外国PEPs本人に加えて、その家族および近しい間柄にある者も含まれる。
3）外国PEPsには、外国の政府や中央銀行の役員だけでなく、国連やIMF、FATF、OECD等の国際機関の職員も含まれる。
4）外国PEPsには、日本が国として認めていない、いわゆる未承認国家の政府や中央銀行の役員は含まれない。

・解説と解答・

1）適切である。外国PEPs（Politically Exposed Persons：重要な公的地位にある者）とは以下の者をいう。

① 外国の元首
② 外国において以下の職にある者
- 日本における内閣総理大臣その他の国務大臣および副大臣に相当する職
- 日本における衆議院議長、衆議院副議長、参議院議長または参議院副議長に相当する職
- 日本における最高裁判所の裁判官に相当する職
- 日本における特命全権大使、特命全権公使、特派大使、政府代表または全権委員に相当する職
- 日本における統合幕僚長、統合幕僚副長、陸上幕僚長、陸上幕僚副長、海上幕僚長、海上幕僚副長、航空幕僚長または航空幕僚副長に相当する職
- 中央銀行の役員
- 予算について国会の議決を経、または承認を受けなければならない法人の役員

③ 過去に上記①または②であった者
④ ①～③の家族

⑤ ①～④が実質的支配者である法人

2）不適切である。犯罪収益移転防止法施行令12条3項では、配偶者（婚姻の届出はないが、事実上婚姻関係と同様の事情にある者を含む)、父母、子および兄弟姉妹ならびにこれらの者以外の配偶者の父母および子を外国PEPsと定めているが、外国PEPsと近しい間柄にある者は含まれていない。

3）不適切である。外国PEPsの対象には、国連等の国際機関およびその職員は含まれていない。

4）不適切である。犯罪収益移転防止法9条では、外国とは「本邦の域外にある国又は地域」とされており、いわゆる未承認国家についても外国に該当することから、当該国の元首その他の重要な地位を占める者も外国PEPsとして扱うこととなる。

正解　1）

6－11　外国PEPsの顧客管理②

《問》犯罪収益移転防止法等で定められる、外国PEPsに関する次の記述のうち、最も適切なものはどれか。

1）外国PEPsに該当するかどうかの確認は、日本が公表する外国PEPsリストとの照合によって行われる。

2）外国PEPsとの取引は、マネロン・テロ資金供与リスクが高いことから、取引成立前に必ず確認を完了させなければならない。

3）外国PEPsとは、外国人が対象であるため、顧客が日本人である場合に外国PEPsに該当するかどうかの確認を行う必要はない。

4）外国PEPsには、予算について国会の議決を経、または承認を受けなければならない法人の役員が含まれ、当該役員はその任を終えた後も外国PEPsに該当する。

・解説と解答・

1）不適切である。日本では外国PEPsリストの作成および公表は予定されておらず、外国PEPsに該当するかどうかの確認は、商業用データベースを活用する方法、インターネット等の公刊情報を活用する方法、顧客等に申告を求める方法等が考えられる。

2）不適切である。外国PEPsとの取引は、直ちに謝絶につながるものではないため、必ずしも取引成立前に確認を求めるものではなく、例えば、事後的にデータベース等で確認を行い、該当する場合は、犯罪収益移転防止法等で求められる追加確認を行うことも認められる。

3）不適切である。日本人が外国PEPsである可能性もあるため、顧客が日本人である場合であっても、確認の対象とすべきである。

4）適切である。

正解　4）

6－12　実質的支配者の顧客管理①

《問》犯罪収益移転防止法等で定められている、法人の実質的支配者に関する次の記述のうち、最も不適切なものはどれか。

1）法人の実質的支配者とは、法人の事業経営を実質的に支配することが可能な関係にある者をいい、どのような者が該当するかについては、法人の性質に従って定められており、議決権その他の手段により当該法人を支配する自然人にまで遡って確認することとなっている。

2）法人の実質的支配者を確認する際は、当該法人が資本多数決法人であるか資本多数決法人以外の法人であるかによって判断方法が異なっている。

3）法人の実質的支配者を確認する際は、原則として取引時点での実質的支配者の該当性を判断することとなるが、直近の株主総会開催時等の合理的な範囲で近接した時点での状況により判断することも認められている。

4）法人の実質的支配者を確認した結果、該当する自然人が複数いた場合は、当該法人に、複数人の自然人のうち1名を実質的支配者として定めてもらう必要がある。

・解説と解答・

1）適切である。なお、実質的支配者の確認方法等は、当該法人の代表者等から申告を受けることとなっている（犯罪収益移転防止法施行規則11条1項）。

2）適切である。

3）適切である。

4）不適切である。実質的支配者を確認した結果、該当する自然人が複数いた場合には、そのすべてが実質的支配者に該当することとなる。

正解　4）

6－13　実質的支配者の顧客管理②

《問》犯罪収益移転防止法等で定められている、法人の実質的支配者に関する次の記述のうち、最も不適切なものはどれか。

1）法人の実質的支配者を確認する際、通常の特定取引と厳格な取引時確認を要する取引のいずれであるかにより、本人特定事項の確認方法が異なり、通常の特定取引である場合は、当該法人の代表者等から実質的支配者の本人特定事項について申告を受ける方法で確認することになる。

2）法人と厳格な取引時確認を要する取引を行う際に実質的支配者の確認を行う場合、法人の株主名簿（資本多数決法人の場合）や登記事項証明書（資本多数決法人以外の法人の場合）等の書類を確認し、かつ、実質的支配者の本人特定事項について当該法人から申告を受ける方法で確認することになる。

3）法人の実質的支配者を確認する際に判断する「資本多数決法人」とは、株式会社、投資法人、持分会社（合名会社、合資会社および合同会社）、特定目的会社等が該当する。

4）法人の実質的支配者を確認する際に判断する「資本多数決法人以外の法人」とは、一般社団・財団法人、学校法人、宗教法人、医療法人、社会福祉法人、特定非営利法人等が該当する。

・解説と解答・

1）適切である。なお、犯罪収益移転防止法等でいう「代表者等」とは、取引の任に当たっている自然人を指す。

2）適切である。

3）不適切である。持分会社（合名会社、合資会社および合同会社）は、法人の実質的支配者を確認する際、「資本多数決法人以外の法人」として判断する。

4）適切である。

正解　3）

6－14　実質的支配者の顧客管理③

《問》犯罪収益移転防止法等で定められている、法人の実質的支配者に関する次の記述のうち、最も適切なものはどれか。

1）資本多数決法人の実質的支配者を確認する際に、議決権の10％を保有する自然人がいる場合、当該自然人が事業経営を支配する意思または能力を有していないことが明らかなときを除き、実質的支配者となる。

2）資本多数決法人の実質的支配者を確認する際に、出資・融資・取引その他の関係を通じて事業活動に実質的な影響力を有すると認められる自然人がいるときは、当該自然人が保有する議決権の割合にかかわらず、実質的支配者となる。

3）資本多数決法人以外の法人の実質的支配者を確認する際に、法人の収益総額の25％超の配当を受けている自然人がいる、または、出資・融資・取引その他の関係を通じて事業活動に実質的な影響力を有すると認められる自然人がいる場合、当該自然人が事業経営を支配する意思または能力を有していないことが明らかなとき、または、ほかに当該法人の収益総額の50％超の配当を受けている自然人がいるときを除き、実質的支配者となる。

4）資本多数決法人以外の法人の実質的支配者を確認する際に、法人の収益総額の25％超の配当を受けている自然人が存在しない場合にのみ、出資・融資・取引その他の関係を通じて事業活動に実質的な影響力を有すると認められる自然人を確認し、存在するときは、当該自然人が実質的支配者となる。

・解説と解答・

1）不適切である。資本多数決法人の実質的支配者を確認する際に、確認する議決権の保有割合は「25％超」となる。なお、議決権の計算にあたっては、直接保有と間接保有を合計することになる。

2）不適切である。資本多数決法人の実質的支配者を確認する際は、まず、議決権について確認する（25％超を保有している自然人がいるかどうか）必要がある。25％超の議決権を保有する自然人がいない場合は、出資・融資・取引その他の関係を通じて事業活動に実質的な影響力を有すると認められる自然人がいるかどうかを確認し、実質的支配者を特定する必要がある。なお、「25％超の議決権を有する自然人」も「出資・融資・取引その他の関係を通じて事業活動に実質的な影響力を有すると認められる自然人」もいない場合、最終的には「法人を代表し、その業務を執行する自然人」が実質的支配者となる。

3）適切である（犯罪収益移転防止法施行規則11条2項3号）。

4）不適切である。資本多数決法人以外の法人の実質的支配者を確認する際は、「法人の収益総額の25％超の配当を受けている自然人」または「出資・融資・取引その他の関係を通じて事業活動に実質的な影響力を有すると認められる自然人」のいずれかに該当する場合、当該いずれかの自然人が実質的支配者となる。したがって、「出資・融資・取引その他の関係を通じて事業活動に実質的な影響力を有すると認められる自然人」は、「法人の収益総額の25％超の配当を受けている自然人」がいない場合に確認するのでなく、資本多数決法人以外の法人の実質的支配者を確認する際は、常に確認することを要する。なお、議決権の25％超を保有する自然人（法人の収益総額の25％超の配当を受けている自然人）であっても、ほかに議決権の50％超を保有する自然人（法人の収益総額の50％超の配当を受けている自然人）が存在する場合は、25％超の議決権を保有していても（法人の収益総額の25％超の配当を受けていても）、実質的支配者に該当せず、この場合、議決権の50％超を保有する自然人（法人の収益総額の50％超の配当を受ける自然人）が実質的支配者に該当することになる。

正解　3）

6－15　顧客管理の実務事例（取引目的や職業に虚偽の疑いがある場合）

《問》金融機関の窓口担当者は、顧客から預貯金口座開設の申込みを受けた際、本人特定事項の確認に加え、口座開設申請書に取引目的および職業の記載を求めたところ、取引目的は「給与受取」としながら、職業は「無職」と記載があった。当該事例に関する次の対応のうち、最も不適切なものはどれか。

1）取引目的および職業に虚偽の疑いも考えられるため、申告のみによる確認だけではなく、会社員であれば社員証等、失業中であれば離職票等の提示を求めて預貯金口座開設の目的等を再度確認すべきである。
2）顧客が本人特定事項等を確認する際に証明書等の提出等に応じない場合、預貯金口座開設の謝絶をする必要はないが、疑わしい取引の届出の提出は検討すべきである。
3）金融庁ガイドラインでは、顧客の本人特定事項や取引目的等の調査には、信頼に足る証跡を求める必要があるとしているため、マネロン・テロ資金供与リスクが高いと判断した場合は、当該顧客や取引に関する実態を確認・調査して、追加的な証跡を求めるべきである。
4）犯罪収益移転防止法等に照らすと、当該取引は疑わしい取引に該当する可能性もあるため、顧客に対して質問等による調査を行ったうえで、統括管理者等に当該取引が疑わしい取引に該当するかを確認すべきである。

•解説と解答•

1）適切である。原則的な取扱いとして、個人顧客の預貯金口座の開設時は、取引時確認として「本人特定事項（氏名・住居・生年月日）」を本人確認書類で確認するとともに、「取引の目的」および「職業」について申告を受ける必要がある。なお、取引の目的および職業の申告は「口頭」でもよい。
2）不適切である。取引目的や職業の申告に虚偽の疑いのある場合に、預貯金口座開設に応じるのは適切な対応ではない。

3）適切である。金融庁ガイドラインでは、リスクベース・アプローチにおけるリスクの低減措置として顧客管理（CDD）を中核的な項目として定めており、顧客の本人特定事項を含む本人確認事項、取引目的の調査等にあたっては、信頼に足る証跡を入手等することで、これを行うことを求めている。

4）適切である。犯罪収益移転防止法施行規則27条１項３号では、本肢のような場合、顧客等に対する質問や当該取引に疑わしい点があるかどうかを確認するための必要な調査を行ったうえで、統括管理者等に当該取引に疑わしい点があるかどうかを確認させることを求めている。

正解　2）

6－16　顧客管理の実務事例（外国人顧客の本人確認）

《問》金融機関の窓口担当者は、来店した外国人顧客（いわゆる一見取引）から500万円の現金振込の依頼を受けた。当該事例に関する次の対応のうち、最も適切なものはどれか。

1）「外国人顧客との取引については、住民登録をしていないと行うことができない」旨を伝え、当該外国人顧客に対して住民登録をしているかどうかの確認を行った。

2）当該外国人顧客に住民登録の確認を行ったところ、住民登録があることの自己申告を口頭で受けたため、健康保険被保険者証の提示を受けて本人特定事項の確認を行い、現金振込を受け付けた。

3）当該外国人顧客は日本に住居を有していない観光客（短期在留者）であることが確認され、パスポート記載の当該外国人が属する国の住居も確認できなかったため、「取引ができない」旨を伝えた。

4）当該外国人顧客に住民登録の確認を行ったところ、住民登録がなかったため、「日本の居住者の本人確認書類に準ずるもの（住居や生年月日の記載があるものに限る）が本人確認書類となる」旨を伝え、パスポート等の提示を求めて本人特定事項の確認を行った。

・解説と解答・

1）不適切である。外国人顧客との取引については、住民登録がなくても行うことができるが、住民登録をしているかどうかにより、本人確認書類が異なる。住民登録をしている場合は、顔写真付きの本人確認書類である在留カードや運転免許証、個人番号カード等の提示を求めて本人特定事項の確認をすることになる。

2）不適切である。外国人顧客との取引について、当該顧客が住民登録をしていた場合、顔写真付きの本人確認書類である在留カードや運転免許証、個人番号カード等の提示を求めて本人特定事項の確認をすることができる。顔写真付きの本人確認書類がない場合は、健康保険被保険者証等の提示を求めるとともに、所定の２次的な確認をする必要がある。

3）不適切である。日本国内に住居を有しない観光客（短期在留者）であって、パスポート等の記載によって当該外国人の属する国における住居を確認することができない者の場合、「200万円を超える現金の受払取引」「10

万円を超える現金振込」「外貨両替」「宝石・貴金属等の売買（宝石・貴金属等の引渡しと同時にその代金の全額を受領するものに限る）」については、氏名や生年月日に加え、国籍、番号の記載のある旅券、乗員手帳の提示を受ける方法等によって取引が可能となる。なお、「日本国内に住居を有している」ことの判断は、上陸許可の認印等によりその在留期間が90日を超えているかによって判断する。

4）適切である。

正解　4）

6－17　顧客管理の実務事例（外国PEPsの確認）

《問》金融機関の窓口担当者は、来店顧客に対する取引時確認において外国PEPsの申告を依頼したところ、「日本人なので回答しない」と申告に応じてもらえなかった。当該事例に関する次の対応のうち、最も適切なものはどれか。

1）顧客から外国PEPsであるかどうかの申告に応じてもらえない場合、警察庁が公表する外国PEPsリストとの照合または公刊情報の活用のいずれかの方法によって確認することになる。
2）顧客に対する外国PEPsの確認において、再度の要請にもかかわらず回答を得られなかった場合、最終的な確認がなされるまでは、いっさいの取引に応じることはできない。
3）顧客が外国PEPsであることが判明した場合であっても、取得すべき情報をどの程度まで取得するかについては、当該顧客の自己申告に委ねるべきである。
4）日本人であっても、外国PEPsの配偶者・親族等に該当する可能性があることを伝えて、申告してもらうようにする必要がある。

・解説と解答・

1）不適切である。日本では、外国PEPsリストは作成されておらず、商業用データベースを活用する方法、インターネット等の公刊情報を活用する方法、顧客等に申告を求める方法等によって確認することになる。
2）不適切である。外国PEPsの確認において、再度の要請にもかかわらず回答を得られなかった場合も含め、外国PEPsの確認は、各特定事業者において合理的と考えられる方法により行われるべきであり、実務上、確認ができた範囲内において、厳格な顧客管理を行うことになる。外国PEPsの確認は、取引謝絶を前提とするために行われるものではない。
3）不適切である。外国PEPsであるかどうかの確認として顧客に申告を求める方法は認められているが、いったん外国PEPsであることが確認された場合は、犯罪収益移転防止法等に基づく適切な情報を取得し、確認する必要がある。
4）適切である。

正解　4）

6－18　顧客管理の実務事例（なりすましが疑われる顧客との取引）

《問》金融機関の窓口担当者は、「Aさん」を名乗る者からAさん名義の預貯金300万円の全額払戻しの依頼を受けた。窓口担当者は、Aさんのことを知っており、窓口で払戻しをしようとしている者が別人であるとの疑いを持っている。当該事例に関する次の対応のうち、最も不適切なものはどれか。

1）犯罪収益移転防止法等における「継続的取引である特定取引について、なりすましの疑いがある場合」に該当する可能性があるため、厳格な取引時確認を行う必要がある。

2）Aさんを名乗る者に対して質問をする、または、取引時確認で確認した事項の追加情報を収集するなどの調査を行うとともに、統括管理者等に当該取引に疑わしい点があるかどうかを確認してもらう必要がある。

3）当該取引は、犯罪収益移転防止法等で定める「100万円を超える財産の移転」に該当するため、Aさんを名乗る者に対し、必要な範囲で源泉徴収票や預貯金通帳等による「資産および収入の状況」の確認を行う必要がある。

4）Aさんになりすましている疑いがある者との取引に際しては、最初の取引時確認の際に求めた本人確認書類や補完書類等に加え、別の本人確認書類・補完書類等を求めて確認を行う必要がある。

・解説と解答・

1）適切である。犯罪収益移転防止法等において、以下の取引は高リスク取引として「厳格な取引時確認」が必要となる（同法４条２項、同法施行令12条）。

・取引の相手方が当該契約の締結に際して行われた取引時確認に係る顧客等または代表者等になりすましている疑いがある場合における取引

・取引の相手方が当該契約の締結に際して行われた取引時確認の際に当該契約時確認に係る事項を偽っていた疑いがある顧客等（その代表者等が当該事項を偽っていた疑いがある顧客等を含む）との間で行う取引

・特定取引のうち、イラン・北朝鮮に居住しまたは所在する顧客等との間

における取引、これらの者に対する財産の移転を伴うもの

・外国PEPsである顧客等との間で行う特定取引

2）適切である（犯罪収益移転防止法８条２項、同法施行規則27条１項３号）。

3）不適切である。犯罪収益移転防止法等では、特定事業者は、顧客等との間で行う特定業務のうち、政令で定める額を超える取引にあっては、資産および収入の状況の確認を行わなければならないとされており、政令で定める額は「200万円」となっている。なお、法人の場合は貸借対照表や損益計算書、有価証券報告書等の書面により「資産および収入の状況」の確認を行う必要がある。

4）適切である。

正解　3）

第7章

疑わしい取引

7－1　疑わしい取引の届出制度

《問》疑わしい取引の届出制度に関する次の記述のうち、最も不適切なものはどれか。

1）疑わしい取引の届出は、犯罪収益移転防止法等で定められた法律上の義務であるが、同法等で定められている特定事業者のうち、行政書士等、税理士等および公認会計士等は、疑わしい取引の届出を行う義務を負っていない。

2）金融機関等の特定事業者は、特定業務において収受した財産が犯罪による収益である疑いが認められる場合、疑わしい取引の届出を行う義務を負っている。

3）金融機関等の特定事業者は、顧客等が特定業務に関し、組織的犯罪処罰法10条の罪もしくは麻薬特例法６条の罪に当たる行為を行っている疑いが認められる場合、疑わしい取引の届出を行う義務を負っている。

4）金融機関等の特定事業者は、殺人や強盗、恐喝、詐欺などの犯罪や暴力団等の資金源となる犯罪、公衆等脅迫目的の犯罪行為のための資金の提供等の処罰に関する法律（テロ資金提供処罰法）で規定するテロ資金についても、疑わしい取引の届出を行う義務を負っている。

・解説と解答・

1）不適切である（犯罪収益移転防止法８条２項）。従前、行政書士等、税理士等および公認会計士等は、特定事業者であっても疑わしい取引の届出義務が課されていなかったが、国際的な不正資金等の移動等に対処するための国際連合安全保障理事会決議第千二百六十七号等を踏まえ我が国が実施する国際テロリストの財産の凍結等に関する特別措置法等の一部を改正する法律」（FATF勧告対応法）による犯罪収益移転防止法の改正に伴い、2024年４月１日より、届出義務が課されることとなった。

2）適切である（犯罪収益移転防止法８条１項）。「特定業務において収受した財産が犯罪による収益である疑いがあると認められる場合」でいう「犯罪による収益」とは、組織的犯罪処罰法で規定する「犯罪収益等」または麻薬特例法で規定する「薬物犯罪収益等」を指す。なお、組織的犯罪処罰法で規定する「犯罪収益等」は、金銭に限定されず、それ以外の財産も含まれる。

3）適切である（犯罪収益移転防止法８条１項）。「組織的犯罪処罰法10条の罪もしくは麻薬特例法６条の罪」とは、犯罪によって財産を得た事実をごまかす行為や犯罪によって得た財産を隠す行為を意味しており、それ自体が刑事罰の対象となっている。また、顧客との取引が成立したことは必ずしも要件ではなく、未遂に終わった場合や契約の締結を断った場合も、疑わしい取引の届出の対象となる場合がある。

4）適切である（組織的犯罪処罰法２条２項）。

正解　1）

7－2　疑わしい取引の届出の実務

《問》疑わしい取引の届出の実務等に関する次の記述のうち、最も不適切なものはどれか。

1）金融機関等の特定事業者が行政庁に対し疑わしい取引を報告する際は、電子申請システムまたは電磁的記録媒体のいずれかの方法で届け出る必要がある。

2）金融機関等の特定事業者が行政庁に対し疑わしい取引を報告する際は、犯罪収益移転防止法等で定められた様式および記載事項に沿って届け出る必要がある。

3）金融機関等の特定事業者が行政庁に対し疑わしい取引を報告する際の届出書は、原則として、顧客等ごとに作成する必要がある。

4）金融機関等の特定事業者が行政庁に対し疑わしい取引を報告する際の届出書には、特定事業者として知り得た対象取引に係る取引時確認に関する事項を記入する必要がある。

・解説と解答・

1）不適切である。金融機関等の特定事業者が行政庁に対し疑わしい取引を報告する際は、電子申請システム、電磁的記録媒体、書面のうち、いずれかの方法で届け出る必要がある。なお、電磁的記録媒体および書面にて届け出る際は、必ず書留または直接持参しなければならない。

2）適切である。

3）適切である。ただし、預貯金口座等の継続的取引関係に係る名義を複数有している顧客等については、取引名義ごとに作成する必要がある。

4）適切である。金融機関等の特定事業者が疑わしい取引の届出を行う際に必要な記載事項は以下のとおりである。

・届出を行う事業者の名称および所在地
・届出対象取引が発生した年月日および場所
・届出対象取引が発生した業務の内容
・届出対象取引に係る財産の内容
・特定事業者において知り得た対象取引に係る取引時確認に係る事項
・届出を行う理由

正解　1）

７－３　疑わしい取引に関する情報の活用

《問》疑わしい取引に関する情報の活用に関する次の記述のうち、最も適切なものはどれか。

1）金融機関等の特定事業者が疑わしい取引を届け出る際は、特定事業者ごとに届出先行政庁が定められており、銀行や信用金庫、信用組合、農業協同組合（信用・共済事業）、保険会社の届出先は、金融庁（長官）となっている。

2）金融機関等の特定事業者から届出のあった疑わしい取引に関する情報は、各行政庁から国家公安委員会に集約されることになり、国家公安委員会は、これらの情報を整理・分析して、捜査機関等に対し疑わしい取引に関する情報を提供している。

3）国家公安委員会は各行政庁から集約された疑わしい取引に関する情報を「犯罪白書」としてまとめ、特定事業者が行う疑わしい取引の届出の要否の判断材料に資する情報として提供している。

4）国家公安委員会で整理・分析した疑わしい取引に関する情報は、捜査機関等に提供することによって活用され、当該情報は捜査記録や司法書類に適切に記録されている。

•解説と解答•

1）不適切である。農業協同組合（信用事業および共済事業に係る届出に限る）の届出行政庁は各都道府県知事となっている。

2）適切である。

3）不適切である。国家公安委員会が各行政庁から通知を受けた疑わしい取引に関する情報は「犯罪収益移転危険度調査書」として毎年まとめられ、特定事業者が行う疑わしい取引の届出の要否の判断材料に資する情報として提供されている。なお、犯罪白書は、法務省が公表している。

4）不適切である。疑わしい取引として届けられた情報の秘密保持は徹底されており、特別に権限を付与された者のみがアクセスできる仕組みとなっている。また、捜査機関等に提供された場合であっても届出者の保護が徹底されており、当該情報は捜査記録や司法書類にはいっさい記録されず、届出が端緒となって事件が検挙された具体的な事例も公表されない。

正解　2）

7－4　国の捜査機関等による疑わしい取引に関する情報の活用

《問》国の捜査機関等による疑わしい取引に関する情報の活用に関する次の記述のうち、最も不適切なものはどれか。

1）検察庁では、疑わしい取引に関する情報を全国の検察庁で共有しており、内偵捜査に活用しているほか、被疑者および関係者の供述の裏付け、余罪や共犯者等の洗い出しなど、犯罪の事実解明に活用している。

2）厚生労働省地方厚生局麻薬取締部等では、不正薬物密売に係る被疑者の人定情報の把握をはじめとした各種薬物事犯捜査等に疑わしい取引に関する情報を活用している。

3）証券取引等監視委員会では、虚偽有価証券報告書等の提出（粉飾決算）や内部者取引（インサイダー取引）等、金融市場の公正を害する行為に対する犯則調査に疑わしい取引に関する情報を活用している。

4）国税庁では、疑わしい取引に関する情報をデータベース化して全国で情報共有しており、疑わしい取引に関する情報と個別に入手した各種情報との照合等を行うことにより、関税法違反の犯則調査に活用しており、国民の安全・安心を脅かす物品等密輸の水際阻止に一層の強化を図っている。

・解説と解答・

1）適切である。

2）適切である。

3）適切である。

4）不適切である。関税法違反の犯則調査に疑わしい取引に関する情報を活用しているのは、税関である。税関は、疑わしい取引に関する情報等を活用して、金地金を着衣内に隠匿して密輸入しようとした者を発見・摘発するなどの物品等密輸の水際阻止に一層の強化を図っている。

正解　4）

７－５　疑わしい取引の届出状況

《問》警察庁が公表している「犯罪収益移転防止に関する年次報告書（令和５年）」における、疑わしい取引の届出状況等に関する次の記述のうち、最も適切なものはどれか。

1）2023年中の疑わしい取引の通知件数は、疑わしい取引の届出制度が創設された1992年以後、初めて50万件を超えた。

2）2023年中の疑わしい取引に関する情報を端緒として都道府県警察が検挙した事件（端緒事件）のなかで、最も多い犯罪種別は「マネー・ローンダリング事犯」であり、全体の端緒事件数の過半数を占めている。

3）2023年中の疑わしい取引の通知件数を届出事業者の業態別にみると、銀行等が最も多く、全体の約80％を占めている。

4）2023年中の組織的犯罪処罰法に係る「マネー・ローンダリング事犯」を前提犯罪別にみると、最も多い前提犯罪は「詐欺」であった。

・解説と解答・

1）不適切である。初めて40万件を超えたのは2016年、初めて50万件を超えたのは2021年である。2023年中の疑わしい取引の通知件数は70万7,929件で、過去最多となった。

2）不適切である。疑わしい取引に関する情報を端緒として都道府県警察が検挙した事件（端緒事件）のうち、最も多い犯罪種別は「詐欺関連事犯（詐欺、犯罪収益移転防止法違反等）」であり、2023年中の全端緒事件1,038事件のうち、88.3％（917事件）を占めている。

3）不適切である。2023年中の疑わしい取引の通知件数を届出事業者の業態別にみると、銀行等が49万8,155件で最も多く、全体の70.4％を占めている。なお、保険会社は4,575件となっている。

4）適切である。2023年中の組織的犯罪処罰法に係るマネー・ローンダリング事犯の検挙に至った事件を前提犯罪種別にみると、「詐欺」（334件）が最も多く、次いで「窃盗」（319件）となっている。

正解　4）

7－6　組織的犯罪処罰法

《問》組織的犯罪処罰法に関する次の記述のうち、最も適切なものはどれか。

1）組織的犯罪処罰法では、犯罪による収益の隠匿および収受ならびにこれらを用いた法人等の事業経営の支配を目的とする行為を処罰対象としている。

2）組織的犯罪処罰法で定める団体とは、暴力団員による不当な行為の防止等に関する法律（暴力団対策法）で定める指定暴力団を指し、例えば、半グレ勢力や組織が明確でない団体（グループ）は含まれない。

3）組織的犯罪処罰法においては、日本でなされた行為が処罰の対象となり、海外での行為は処罰の対象とはならない。

4）組織的犯罪処罰法において、犯罪行為となるのは、テロ行為そのものであり、テロ行為に向けた計画やそのための下見などは犯罪行為とはならない。

・解説と解答・

1）適切である。組織的犯罪処罰法１条では、「犯罪による収益の隠匿及び収受並びにこれを用いた法人等の事業経営の支配を目的とする行為を処罰するとともに、犯罪による収益に係る没収及び追徴の特例等について定める」としている。

2）不適切である。組織的犯罪処罰法２条において、団体とは「共同の目的を有する多数人の継続的結合体であって、その目的又は意思を実現する行為の全部又は一部が組織（指揮命令に基づき、あらかじめ定められた任務の分担に従って構成員が一体として行動する人の結合体をいう。以下同じ。）により反復して行われるもの」と定められており、指定暴力団に限られない。

3）不適切である。海外での行為も処罰の対象となる（組織的犯罪処罰法12条、刑法３条）。

4）不適切である。組織的犯罪処罰法６条の２において、「テロリズム集団その他の組織的犯罪集団…の団体の活動として、当該行為を実行するための組織により行われるものの遂行を二人以上で計画した者は、その計画をした者のいずれかによりその計画に基づき資金又は物品の手配、関係場所の下見その他の計画をした犯罪を実行するための準備行為が行われたときは、当該各号に定める刑に処する」旨が明記されている。なお、実行に着手する前に自首した者は、その刑が減軽または免除されることになっている。

正解　1）

7－7　疑わしい取引の届出の対象となる可能性のある行為

《問》疑わしい取引の届出の対象となる可能性のある行為に関する次の記述のうち、最も適切なものはどれか。

1）偽造カードによって現金自動預払機から資金を引き出す者を助け、引き出された現金の一部を報酬として受け取る行為は、不正行為に直接関与していないため、疑わしい取引の届出の対象となる可能性のある行為には該当しない。

2）第三者名義を用いて不動産を購入しようとする行為は、疑わしい取引の届出の対象となる可能性のある行為に該当し、特定事業者がマネー・ローンダリングの疑いを持ち、それを理由に取引を断った場合であっても、疑わしい取引の届出は検討しなければならない。

3）盗品である自動車を他人名義で契約した倉庫内に保管する行為は、隠匿の対象が資金ではないことから、疑わしい取引の届出の対象となる可能性のある行為には該当しない。

4）テロ資金を供与する行為は、疑わしい取引の届出の対象となる可能性のある行為に該当するが、当該資金を供与する行為が未遂に終わった場合は、疑わしい取引の届出を検討する必要はない。

・解説と解答・

1）不適切である。不正に引き出した現金であることを知りながら、当該現金を報酬として受け取っていることから、犯罪収益の収受に該当し、疑わしい取引の届出の対象となる可能性のある行為に該当する。

2）適切である。

3）不適切である。組織的犯罪処罰法では、犯罪収益とは一定の犯罪行為により提供された資金のほか、財産上の不正な利益を得る目的で犯した一定の犯罪行為によって得た財産も含まれるとしているため、盗品の自動車を隠匿する行為は疑わしい取引の届出の対象となる可能性のある行為に該当する。

4）不適切である。組織的犯罪処罰法10条２項では「未遂は、罰する」旨が明記されており、疑わしい取引の届出の対象となる可能性のある行為に該当する。

正解　2）

7－8　疑わしい取引の届出の判断等

《問》疑わしい取引の届出の判断等に関する次の記述のうち、最も適切なものはどれか。

1）特定業務に係る高リスク取引においては、通常の取引で求められる疑わしい取引の判断に加えて、顧客に対して質問を行ったり、取引時確認で確認した事項の追加情報を収集したりするなどの調査を行うとともに、当該取引に疑わしい点があるかどうかを統括管理者等に確認させることが求められている。

2）疑わしい取引の届出においては、金融庁が公表している「疑わしい取引の参考事例」のいずれかの項目に該当しているかだけを判断基準として、届出の要否を判断する必要がある。

3）過去に取引を行ったことのない顧客との取引（いわゆる一見取引）においては、当該取引の態様と他の顧客との間で通常行う取引の態様との比較のみによって、届け出るかどうかの判断を行う必要がある。

4）過去に取引を行ったことがある顧客との取引（既存顧客との取引）においては、犯罪収益移転危険度調査書の内容のみを判断基準として、届け出るかどうかの判断を行う必要がある。

・解説と解答・

1）適切である。なお、「通常の取引で求められる疑わしい取引の判断」は、以下のとおりである（犯罪収益移転防止法８条２項、同法施行規則26条）。

- 取引時確認の結果、当該取引の態様その他の事情を勘案すること
- 犯罪収益移転危険度調査書の内容を勘案すること
- 当該特定業務に係る取引と特定事業者が他の顧客等との間で通常行う特定業務に係る取引の態様との比較
- 当該特定業務に係る取引と特定事業者が当該顧客等との間で行った他の特定業務に係る取引の態様との比較
- 当該特定業務に係る取引の態様と当該取引に係る取引時確認の結果、その他特定事業者が当該取引時確認の結果に関して有する情報との整合性

2）不適切である。金融庁が公表している「疑わしい取引の参考事例」は、金融機関等が犯罪収益移転防止法８条に規定する疑わしい取引の届出義務を

履行するにあたり、疑わしい取引に該当する可能性のある取引として特に注意を払うべき取引の類型を例示したものであり、個別具体的な取引が疑わしい取引に該当するかについては、各金融機関等において、顧客の属性や取引時の状況、その他保有している当該取引に係る具体的な情報を最新の内容に保ちながら総合的に勘案して判断する必要がある。

3）不適切である。一見取引の場合は、犯罪収益移転危険度調査書の内容を勘案し、取引の性質に応じて、当該取引の態様と他の顧客等との間で通常行う取引の態様との比較や当該取引の態様と取引時確認で得た情報との整合性の確認を行ったうえで、疑わしい取引を届け出るかどうかの判断を行う必要がある。

4）不適切である。既存顧客の場合は、犯罪収益移転危険度調査書の内容を勘案するとともに、当該取引の態様と過去の当該顧客等との取引の比較や取引時確認で得た情報との整合性の確認、当該取引の態様と他の顧客との間で通常行う取引の態様との比較等を行ったうえで、疑わしい取引を届け出るかどうかの判断を行う必要がある。

正解　1）

７－９　金融庁ガイドラインにおける疑わしい取引の届出①

《問》金融庁ガイドラインにおける、「疑わしい取引の届出」に関する次の記述のうち、最も不適切なものはどれか。

１）金融機関等の特定事業者は、顧客属性や取引時の状況、その他金融機関等が保有する具体的な情報を総合的に勘案したうえで、疑わしい取引の該当性について適切な検討・判断が行われる態勢を整備し、法律に基づく義務を履行することが求められている。

２）金融機関等の特定事業者は、業務内容に応じて、ITシステムやマニュアル等も活用しながら、疑わしい顧客や取引等を的確に検知・監視・分析する態勢を構築することが求められている。

３）金融機関等の特定事業者は、疑わしい取引の該当性について、国によるリスク評価の結果や疑わしい取引の参考事例等も踏まえて、顧客が行っている事業等に照らした取引金額・回数等の取引態様等を考慮することが求められている。

４）金融機関等の特定事業者は、疑わしい取引に該当すると判断した場合、疑わしい取引の届出を直ちに行う態勢を構築することが求められており、過去のFATF相互審査の結果事例等を踏まえると、取引日からおおむね１カ月以内に届け出るべきである。

・解説と解答・

１）適切である。

２）適切である。

３）適切である。

４）不適切である。ガイドラインFAQには、「疑わしい取引の届出は、ある取引について実際に疑わしい取引に該当すると判断した場合には、即座に行われることが望ましいものと考えます。例えば、疑わしい取引に該当すると判断した取引について、１か月に１回決まった日にまとめて届出を行うといった対応は、適切ではないものと考えます。したがって、「直ちに行う態勢を構築」しているといえるためには、ある取引について疑わしい取引に該当するものと判断した後、即座に届出を行う手続を開始する態勢を構築することが求められます」との記載があり、取引の複雑性や必要な調査期間なども踏まえつつ、どの程度の期間で届け出るか個別に判断することになる。

正解　４）

7－10　金融庁ガイドラインにおける疑わしい取引の届出②

《問》金融庁ガイドラインにおける、「疑わしい取引の届出」に関する次の記述のうち、最も不適切なものはどれか。

1）金融機関等の特定事業者は、既存顧客との継続取引や一見取引等の取引区分に応じて、疑わしい取引の該当性の確認および判断を適切に行うことが求められている。

2）金融機関等の特定事業者は、実際に疑わしい取引の届出を行った取引について、リスク低減措置の実効性を検証し、必要に応じて同種の類型に適用される低減措置を見直すことが求められている。

3）金融機関等の特定事業者は、犯罪収益の発見、組織犯罪対策等に活用される「保守的な報告」をできる限り多く届け出ることが奨励されている。

4）金融機関等の特定事業者は、疑わしい取引の届出を契機にリスクが高いと判断した顧客について、顧客リスク評価を見直すとともに、当該リスク評価に見合った低減措置を適切に実施することが求められている。

・解説と解答・

1）適切である。

2）適切である。

3）不適切である。届出件数は、多ければ多いほどよいわけではなく、安易な「保守的な報告」は避け、リスクベース・アプローチに基づく適切な届出が望まれている。

4）適切である。

正解　3）

７－11　疑わしい取引の参考事例（預金取扱い金融機関の現金の使用形態に着目した事例）

《問》金融庁が公表している「疑わしい取引の参考事例」における、現金の使用形態に着目した事例に関する次の記述のうち、最も不適切なものはどれか。

1）顧客の収入・資産等に見合わない現金による高額の入出金取引や送金・自己宛小切手での取引が相当と認められるにもかかわらず現金で行われる多額の取引は、疑わしい取引に該当する可能性のある取引として注意を払う必要がある。

2）敷居値を下回る取引を除き、短期間のうちに頻繁に行われる取引で、現金または小切手による入出金の総額が多額である取引は、疑わしい取引に該当する可能性のある取引として注意を払う必要がある。

3）外貨を含む多量の少額通貨による入金または両替を行う取引は、疑わしい取引に該当する可能性のある取引として注意を払う必要がある。

4）夜間金庫への多額の現金の預入または急激な利用額の増加に係る取引は、疑わしい取引に該当する可能性のある取引として注意を払う必要がある。

・解説と解答・

1）適切である。

2）不適切である。取引金額が規制の敷居値を下回る取引は、犯罪による収益の移転に利用される危険性を低下させる要因と考えられているが、１回の取引をあえて複数取引に分割して行うことにより、当該１回の取引金額が形式的に敷居値を下回った場合は、脱法的に規制を免れるためのもの（ストラクチャリング）であると考えられ、犯罪による収益の移転に利用される危険度は高くなるため、疑わしい取引に該当する可能性のある取引として注意を払うべきである。

3）適切である。

4）適切である。金融庁が公表している「疑わしい取引の参考事例」における預金取扱い金融機関の「現金の使用形態に着目した事例」は以下のとおり。

・多額の現金（外貨を含む。以下同じ）または小切手により入出金（有価証券の売買、送金および両替を含む。以下同じ）を行う取引。特に、顧客の収入、資産等に見合わない高額な取引、送金や自己宛小切手によるのが相当と認められる場合にもかかわらず、あえて現金による入出金を行う取引
・短期間のうちに頻繁に行われる取引で、現金または小切手による入出金の総額が多額である場合（敷居値を若干下回る取引が認められる場合も同様とする）
・多量の少額通貨（外貨を含む）により入金または両替を行う取引
・夜間金庫への多額の現金の預入または急激な利用額の増加に係る取引

正解　2）

７－12　疑わしい取引の参考事例（保険会社の現金の使用形態に着目した事例）

《問》金融庁が公表している「疑わしい取引の参考事例」における、現金の使用形態に着目した事例に関する次の記述のうち、最も不適切なものはどれか。

1）５万円の保険料が100円玉500枚で支払われた。当該支払は、疑わしい取引に該当する可能性がある取引として注意を払う必要がある。

2）１億円の保険金支払に際し、顧客から現金での支払を求められた。当該支払は、疑わしい取引に該当する可能性がある取引として注意を払う必要がある。

3）年収300万円で特にめぼしい資産もない契約者が、毎月30万円の保険料を現金で支払っている。当該支払は、疑わしい取引に該当する可能性がある取引として注意を払う必要がある。

4）１カ月間で同一商品の年金保険契約に計５件加入した契約者が、１件当たり180万円の一時払保険料（合計900万円）をすべて現金で支払った。１件当たり200万円を超えていないため、当該支払は、疑わしい取引に該当する可能性がある取引とはいえない。

・解説と解答・

1）適切である。多量の少額通貨（外貨を含む）により保険料が支払われる取引は、疑わしい取引に該当する可能性のある取引として注意を払う必要がある。

2）適切である。多額の保険金支払であるにもかかわらず、現金または小切手による支払を求める顧客との取引は、疑わしい取引に該当する可能性のある取引として注意を払う必要がある。

3）適切である。契約者の収入、資産等に見合わない高額の保険料を支払う多額の現金による取引は、疑わしい取引に該当する可能性のある取引として注意を払う必要がある。

4）不適切である。取引金額が規制の敷居値を下回ることは、犯罪による収益の移転に活用される危険性を低下させる要因ではあるが、１回の取引をあえて複数取引に分割して行うことにより、分割後の取引金額が形式的に敷居値を下回った場合は、規制の潜脱行為と考えられ、疑わしい取引に該当する可能性のある取引として注意を払うべきである。金融庁が公表している「疑わしい取引の参考事例」における保険会社の「現金の使用形態に着目した事例」は以下のとおり。

・多額の現金（外貨を含む）または小切手により、保険料を支払う契約者に係る取引。特に、契約者の収入、資産等に見合わない高額の保険料を支払う場合
・多額の保険金支払いまたは保険料払戻しであるにもかかわらず、現金または小切手による支払を求める顧客に係る取引
・短期間のうちに行われる複数の保険契約に対する保険料支払で、現金または小切手による支払総額が多額である場合。敷居値を若干下回る取引が認められる場合も同様とする
・多量の少額通貨（外貨を含む）により保険料が支払われる取引

正解　4）

7－13　疑わしい取引の参考事例（真の口座保有者を隠匿している可能性に着目した事例）

《問》金融庁が公表している「疑わしい取引の参考事例」における、真の口座保有者を隠匿している可能性に着目した事例に関する次の記述のうち、最も適切なものはどれか。

1）疑わしい取引に該当する可能性のある取引事例として、多数の口座を保有していることが判明した顧客に係る当該口座を使用した入出金が挙げられており、例えば、屋号付名義等を利用して異なる名義で多数の口座を保有している顧客等については、注意を払う必要がある。

2）疑わしい取引に該当する可能性のある取引事例として、架空名義口座や借名口座であるとの疑いが生じた口座を使用した入出金が挙げられているが、現金自動預払機で、複数のキャッシュカードを使用して入出金を繰り返しているが、操作に不審な点がみられない顧客に関しては、特に注意を払う必要はない。

3）疑わしい取引に該当する可能性のある取引事例として、自宅や勤務先、通勤経路から当該支店で取引をすることに明らかな理由がない顧客に係る口座を使用した入出金が挙げられているが、事例と同様の顧客ではあるが、本人特定事項等に問題のない顧客との取引に関しては、特に注意を払う必要はない。

4）疑わしい取引に該当する可能性のある取引事例として、住所と異なる連絡先にキャッシュカード等の送付を希望する顧客に係る口座を使用した入出金が挙げられているが、事例と同様の希望を持つ顧客とのやりとりにおいて、結果的に口座開設を断念したような場合は、その後の対応を検討する必要はない。

・解説と解答・

1）適切である。金融庁が公表している「疑わしい取引の参考事例」では、「多数の口座を保有していることが判明した顧客に係る口座を使用した入出金。屋号付名義等を利用して異なる名義で多数の口座を保有している顧客の場合を含む」ケースを、真の口座保有者を隠匿している可能性に着目した事例として紹介している。

2）不適切である。本肢は「架空名義口座または借名口座であるとの疑いが生じた口座を使用した入出金」に該当する可能性があるため、注意を払う必要がある。

3）不適切である。本肢は「当該支店で取引をすることについて明らかな理由がない顧客に係る口座を使用した入出金」に該当する可能性があるため、注意を払う必要がある。

4）不適切である。疑わしい取引の届出の前提条件でもある組織的犯罪処罰法において「未遂は、罰する」旨が明記されていることから、顧客との取引が成立した場合だけでなく、契約締結を断った場合も、疑わしい取引の届出の対象となる可能性があるため、その後の対応を検討する必要がある。
なお、金融庁が公表している「疑わしい取引の参考事例」における「真の口座保有者を隠匿している可能性に着目した事例」は以下のとおり。

・架空名義口座または借名口座であるとの疑いが生じた口座を使用した入出金
・口座名義人である法人の実体がないとの疑いが生じた口座を使用した入出金
・住所と異なる連絡先にキャッシュカード等の送付を希望する顧客または通知を不要とする顧客に係る口座を使用した入出金
・多数の口座を保有していることが判明した顧客に係る口座を使用した入出金。屋号付名義等を利用して異なる名義で多数の口座を保有している顧客の場合を含む
・当該支店で取引をすることについて明らかな理由がない顧客に係る口座を使用した入出金
・名義・住所ともに異なる顧客による取引にもかかわらず、同一のIPアドレスからアクセスされている取引
・国内居住の顧客であるにもかかわらず、ログイン時のIPアドレスが国外であることや、ブラウザ言語が外国語であることに合理性が認められない取引
・IPアドレスの追跡を困難にした取引
・取引時確認で取得した住所と操作している電子計算機のIPアドレス等とが異なる口座開設取引
・同一の携帯電話番号が複数の口座・顧客の連絡先として登録されている場合

正解　1）

7－14　疑わしい取引の参考事例（真の取引者を隠匿している可能性に着目した事例）

《問》金融庁が公表している「疑わしい取引の参考事例」における、真の取引者を隠匿している可能性に着目した事例に関する次の記述のうち、最も不適切なものはどれか。

1）非対面により証券取引口座の新規開設を行った3名の顧客は、頻繁にインターネット取引を行っているが、3名のIPO需要申告がすべて同じIPアドレスから発注されていることがわかった。各口座において行われる取引は、3名のうちのいずれかによるなりすまし取引である疑いも考えられるため、注意を払う必要がある。

2）証券取引口座の新規開設のため来店した法人顧客に対し、取引関係文書を簡易書留により転送不要郵便物として送付したところ「保管期間経過」で返戻された。確認のため連絡先の電話番号に問い合せたが常に留守番電話となり、当該法人の代表者等とも連絡がとれないため、登記住所を訪問したところ、看板もなくレンタルオフィスであることがわかったが、正式に登記されている法人であったため、取引相手として問題はない。

3）営業職員との対面取引を中心に行っていた高齢顧客の証券取引口座で、ある日を境にインターネット取引が頻繁に行われるようになった。本人による取引であるかを確認するため自宅に電話したところ、毎回長男を名乗る人物が出て、本人は電話に出たくないという理由で切電された。当該インターネット取引は長男によるなりすまし取引である疑いも考えられるため、注意を払う必要がある。

4）自宅や勤務先、通勤経路から遠く離れた遠隔地の支店に自発的に訪問のうえ、新規証券取引口座開設の申込みを行う顧客については、当該支店で取引を行う合理的な理由を確認するなど、注意を払う必要がある。

•解説と解答•

1）適切である。金融庁が公表している「疑わしい取引の参考事例」における「真の取引者を隠匿している可能性に着目した事例」のうち、「架空名義口座又は借名口座であるとの疑いが生じた口座を使用した株式、債券の売買、投資信託等への投資」または「名義・住所共に異なる顧客による取引にもかかわらず、同一のIPアドレスからアクセスされている取引」に該当する可能性があるため、取引には注意を払うべきである。

2）不適切である。法人の実体がない疑いが高い状況であるため、法人登記されているとの理由だけで疑念を払拭することはできない。実態の確認が完了するまでの間は取引制限を行うなどの対応を検討する必要がある。

3）適切である。

4）適切である。金融庁が公表している「疑わしい取引の参考事例」における「当該支店で取引をすることについて明らかな理由がない顧客に係る口座を使用した株式、債券の売買、投資信託等への投資」に該当する可能性があるため、取引には注意を払うべきである。その他、「真の取引者を隠匿している可能性に着目した事例」は以下のとおり。

・口座名義人である法人の実体がないとの疑いが生じた口座を使用した株式、債券の売買、投資信託等への投資
・住所と異なる連絡先に取引報告書等の証書類の送付を希望する顧客に係る口座を使用した株式、債券の売買、投資信託等への投資
・多数の口座を保有していることが判明した顧客に係る口座を使用した株式、債券の売買、投資信託等への投資
・国内居住の顧客であるにもかかわらず、ログイン時のIPアドレスが国外であることや、ブラウザ言語が外国語であることに合理性が認められない取引
・IPアドレスの追跡を困難にした取引
・取引時確認で取得した住所と操作している電子計算機のIPアドレス等とが異なる口座開設取引
・同一の携帯電話番号が複数の口座・顧客の連絡先として登録されている場合

正解　2）

7－15　疑わしい取引の参考事例（口座の利用形態に着目した事例）

《問》金融庁が公表している「疑わしい取引の参考事例」における、口座の利用形態に着目した事例に関する次の記述のうち、最も不適切なものはどれか。

1）多数の者に頻繁に送金を行う口座で、送金を行う直前に多額の入金が行われる取引は、疑わしい取引に該当する可能性のある取引として注意を払う必要がある。

2）口座開設後、多額かつ頻繁な入出金が短期間で行われ、その後、解約された口座に係る取引は、既に口座が存在しないことから、疑わしい取引に該当する可能性は低く、その後の対応を検討する必要はない。

3）通常は資金の動きがないにもかかわらず、突如多額の入出金が行われる口座に係る取引は、疑わしい取引に該当する可能性のある取引として注意を払う必要がある。

4）口座から現金で払戻しをし、直後に払い戻した口座の名義人と異なる者を送金依頼人として現金を送金する取引は、疑わしい取引に該当する可能性のある取引として注意を払う必要がある。

・解説と解答・

1）適切である。

2）不適切である。口座開設後、短期間で多額または頻繁な入出金が行われ、その後、「解約」または「取引が休止」した口座に係る取引は、疑わしい取引に該当する可能性のある取引として注意を払う必要がある。

3）適切である。

4）適切である。なお、金融庁が公表している「疑わしい取引の参考事例」における「口座の利用形態に着目した事例」は以下のとおり。

・口座開設後、短期間で多額または頻繁な入出金が行われ、その後、解約または取引が休止した口座に係る取引

・多額の入出金が頻繁に行われる口座に係る取引

・口座から現金で払戻しをし、直後に払い戻した現金を送金する取引（伝票の処理上現金扱いとする場合も含む）。特に、払い戻した口座の名義

と異なる名義を送金依頼人として送金を行う場合
・多数の者に頻繁に送金を行う口座に係る取引。特に、送金を行う直前に多額の入金が行われる場合
・多数の者から頻繁に送金を受ける口座に係る取引。特に、送金を受けた直後に当該口座から多額の送金または出金を行う場合
・匿名または架空名義と思われる名義での送金を受ける口座に係る取引
・通常は資金の動きがないにもかかわらず、突如多額の入出金が行われる口座に係る取引
・経済合理性からみて異常な取引。例えば、預入額が多額であるにもかかわらず、合理的な理由もなく、利回りの高い商品を拒む場合
・口座開設時に確認した取引を行う目的、職業または事業の内容等に照らし、不自然な態様・頻度で行われる取引
・異なる名義の複数の口座からの入出金が、同一の時間帯または同一の現金自動支払機を用いて頻繁に行われるなどの第三者による口座の管理等が疑われる取引
・口座開設時に確認した事業規模等と照らし、給与振込額等が不自然な取引

正解　2）

７－16　疑わしい取引の参考事例（外国との取引に着目した事例）

《問》金融庁が公表している「疑わしい取引の参考事例」における、外国との取引に着目した事例に関する次の記述のうち、最も不適切なものはどれか。

1）多額の信用状の発行に係る取引のうち、輸出国や輸入数量、輸入価格等について合理的な理由が認められない情報を提供する顧客との取引は、疑わしい取引に該当する可能性のある取引として注意を払う必要がある。

2）金融庁が監視を強化すべきとして指定した、マネー・ローンダリング対策に非協力的な国・地域に拠点を置く者との間で顧客が行う取引は、疑わしい取引に該当する可能性のある取引として注意を払う必要がある。

3）経済合理性のない目的のために他国へ多額の送金を行う取引や経済合理性のない多額の送金を他国から受ける取引は、疑わしい取引に該当する可能性のある取引として注意を払う必要がある。

4）日本国内の非居住者への送金を除き、送金先や送金目的、送金原資等について合理的な理由があると認められない情報を提供する顧客との取引は、疑わしい取引に該当する可能性のある取引として注意を払う必要がある。

・解説と解答・

1）適切である。

2）適切である。

3）適切である。

4）不適切である。他国（日本国内非居住者を含む）への送金にあたり、虚偽の疑いがある情報または不明瞭な情報を提供する顧客との取引、特に、送金先や送金目的、送金原資等について合理的な理由があると認められない情報を提供する顧客との取引は、疑わしい取引に該当する可能性のある取引として注意を払う必要がある。なお、金融庁が公表している「疑わしい取引の参考事例」における「外国との取引に着目した事例」は以下のとおり。

・短期間のうちに頻繁に行われる他国への送金で、送金総額が多額にわたる取引
・経済合理性のない目的のために他国へ多額の送金を行う取引
・経済合理性のない多額の送金を他国から受ける取引
・多額の旅行小切手または送金小切手（外貨建てを含む）を頻繁に作成または使用する取引
・多額の信用状の発行に係る取引。特に、輸出（生産）国、輸入数量、輸入価格等について合理的な理由があると認められない情報を提供する顧客に係る取引
・マネロン・テロ資金供与対策に非協力的な国・地域または不正薬物の仕出国・地域に拠点を置く顧客が行う取引
・マネロン・テロ資金供与対策に非協力的な国・地域または不正薬物の仕出国・地域に拠点を置く者（法人を含む）との間で顧客が行う取引
・マネロン・テロ資金供与対策に非協力的な国・地域または不正薬物の仕出国・地域に拠点を置く者（法人を含む）から紹介された顧客に係る取引
・輸出先の国の技術水準に適合しない製品の輸出が疑われる取引
・貿易書類や取引電文上の氏名、法人名、住所、最終目的地等情報が矛盾した取引
・小規模な会社が、事業内容等に照らし、不自然な技術的専門性の高い製品等を輸出する取引
・貿易書類上の商品名等の記載内容が具体的でない取引
・人身取引リスクの高い国・地域に対し、親族と思われる者へ繰り返し少額の送金を行っている取引

正解　4）

7－17　疑わしい取引の参考事例（保険商品の販売等）

《問》金融庁が公表している「疑わしい取引の参考事例」における、保険商品の販売等に係る事例に関する次の記述のうち、最も適切なものはどれか。

1）保険契約のうち、保険料の支払方法を月払いとする取引は、疑わしい取引に該当する可能性のある取引として注意を払う必要がある。
2）保険料の支払方法を年払いから、月払いへ突然変更する取引は、疑わしい取引に該当する可能性のある取引として注意を払う必要がある。
3）多額の保険金支払において、電信送金による支払を求める顧客との取引は、疑わしい取引に該当する可能性のある取引として注意を払う必要がある。
4）多額の保険料の支払が必要となる保険に突然変更する取引は、疑わしい取引に該当する可能性のある取引として注意を払う必要がある。

・解説と解答・

1）不適切である。金融庁が公表している「疑わしい取引の参考事例」では、「多額の保険料支払いを内容とする保険契約を締結しようとする申込者に係る取引。特に、保険料の支払方法が年払い又は一時払いの場合」が挙げられているが、保険料の支払が「月払い」の保険契約である場合の事例は紹介されていない。
2）不適切である。金融庁が公表している「疑わしい取引の参考事例」では、「突然、保険料の支払方法を少額の月払いから年払い又は一時払いへ変更した契約者に係る取引」が挙げられている。
3）不適切である。金融庁が公表している「疑わしい取引の参考事例」では、「多額の保険金支払い又は保険料払戻しであるにもかかわらず、現金又は小切手による支払いを求める顧客に係る取引」が挙げられているが、「電信送金による支払いを求める顧客に係る取引」についての事例は紹介されていない。
4）適切である。なお、金融庁が公表している「疑わしい取引の参考事例」における、保険会社に係る主な事例は以下のとおり。

・多額の現金（外貨を含む。以下同じ）または小切手により、保険料を支払う契約者に係る取引。特に、契約者の収入、資産等に見合わない高額の保険料を支払う場合
・多額の保険金支払または保険料払戻しであるにもかかわらず、現金または小切手による支払を求める顧客に係る取引
・多額の保険料支払を内容とする保険契約を締結しようとする申込者に係る取引。特に、保険料の支払方法が年払いまたは一時払いの場合
・経済合理性からみて異常な取引。例えば、不自然に早期の解約が行われる場合
・突然、保険料の支払方法を少額の月払いから年払いまたは一時払いへ変更した契約者に係る取引
・突然、多額の保険料の支払が必要となる高額保険へ変更した契約者に係る取引

正解　4）

7－18　疑わしい取引の参考事例（投資商品の販売等）

《問》金融庁が公表している「疑わしい取引の参考事例」における、投資商品の販売等に係る事例に関する次の記述のうち、最も不適切なものはどれか。

1）多額の債券の買付けにもかかわらず、保護預り制度の利用を求める顧客との取引は、疑わしい取引に該当する可能性のある取引として注意を払う必要がある。

2）退職金等の裏付けがないなど、顧客の属性にかんがみて、不釣合いに高額な投資商品を繰り返し購入しようとする顧客との取引は、疑わしい取引に該当する可能性のある取引として注意を払う必要がある。

3）投資効果や資産ポートフォリオ、商品の期待リターン等に関心を示さず、顧客の属性にかんがみて、投資性向に合致しない商品を繰り返し購入しようとする顧客との取引は、疑わしい取引に該当する可能性のある取引として注意を払う必要がある。

4）明らかに投資商品に関心がなく、第三者からの送金によって機械的に投資商品を買おうとしている顧客との取引は、疑わしい取引に該当する可能性のある取引として注意を払う必要がある。

・解説と解答・

1）不適切である。金融庁が公表している「疑わしい取引の参考事例」では、「現金又は小切手による多額の債券の買付けにおいて、合理的な理由もなく、保護預り制度を利用せず、本券受渡しを求める顧客に係る取引」が挙げられている。

2）適切である。金融庁が公表している「疑わしい取引の参考事例」における「契約締結時に確認した取引を行う目的、職業又は事業の内容等に照らし、不自然な態様・頻度で行われる取引」に該当する可能性がある。

3）適切である。金融庁が公表している「疑わしい取引の参考事例」における「契約締結時に確認した取引を行う目的、職業又は事業の内容等に照らし、不自然な態様・頻度で行われる取引」に該当する可能性がある。

4）適切である。金融庁が公表している「疑わしい取引の参考事例」における「第三者振出しの小切手又は第三者からの送金により決済が行われた取引」に該当する可能性がある。なお、金融庁が公表している「疑わしい取引の参考事例」における、金融商品取引業者に係る主な事例は以下のとおり。

・短期間のうちに頻繁に行われる株式、債券、投資信託等への投資で、現金または小切手による取引総額が多額である場合。敷居値を若干下回る取引が認められる場合も同様とする
・有価証券の発行業務にあたり、表面上の経営者とは別に経営に関与している者の存在が疑われる会社による有価証券の発行
・有価証券の発行業務にあたり、有価証券の発行によって調達しようとする資金の使途と業務との関係が不自然な会社による有価証券の発行
・有価証券の発行業務にあたり、増資前の発行済株式数、売上高および資産規模等に対して大幅な（極端な）増資の規模となる有価証券の発行
・有価証券の発行業務にあたり、前回の有価証券の発行後に行われた業務内容の変更または新規事業が、これまでの事業との関連性が認められないなどの疑義がある会社による有価証券の発行
・有価証券の発行業務にあたり、投資事業組合が第三者割当先となっている有価証券について、大量に入庫を行う行為

正解　1）

7－19　疑わしい取引の参考事例（有価証券の発行関連業務に着目した事例）

《問》金融庁が公表している「疑わしい取引の参考事例」における、有価証券の発行関連業務に着目した事例に関する次の記述のうち、最も不適切なものはどれか。

1）役員や常任代理人に暴力団関係者等が関与していると疑われる有価証券の発行は、疑わしい取引に該当する可能性のある取引として注意を払う必要があるが、主要株主や主要取引先に暴力団関係者等が関与していると疑われるにとどまる場合は、その必要はない。

2）有価証券の発行によって調達しようとする資金の使途と業務との関係が不自然な会社による有価証券の発行は、疑わしい取引に該当する可能性のある取引として注意を払う必要がある。

3）増資前の発行済株式数、売上高および資産規模等に対して極端な増資の規模となる有価証券の発行は、疑わしい取引に該当する可能性のある取引として注意を払う必要がある。

4）表面上の経営者とは別に経営に関与している者の存在が疑われる会社による有価証券の発行は、疑わしい取引に該当する可能性のある取引として注意を払う必要がある。

・解説と解答・

1）不適切である。主要株主、役員、常任代理人、大口債権者、主要取引先、アレンジャー等のいずれかに、暴力団員、暴力団関係者等が関与すると疑われる有価証券の発行は、疑わしい取引に該当する可能性のある取引として注意を払う必要がある。

2）適切である。

3）適切である。

4）適切である。その他、金融庁が公表している「疑わしい取引の参考事例」における「有価証券の発行関連業務に着目した事例」は以下のとおり。

・表面上は複数の割当先であるが、実質的には同一であると疑われる者やファンド等が割当先となっている第三者割当増資等の有価証券の発行

・前回の有価証券の発行後に行われた業務内容の変更または新規事業が、これまでの事業との関連性が認められないなどの疑義がある会社による

有価証券の発行
・短期間のうちに繰り返し行われる大規模な額の有価証券の発行
・役員・会計監査人が頻繁に入れ替わる会社または辞任もしくは解任が不自然な形で行われた会社による有価証券の発行
・マネロン・テロ資金供与対策に非協力的な国・地域または不正薬物の仕出国・地域を登記先または拠点としているファンド等が割当先となっている第三者割当増資等の有価証券の発行
・実質的な投資者、引受け原資その他の経済的な実態が不透明なファンド等が割当先となっている第三者割当増資等の有価証券の発行
・投資事業組合が第三者割当先となっている有価証券について、大量に入庫を行う行為

正解　1)

７－20　疑わしい取引の参考事例（その他の事例①）

《問》金融庁が公表している「疑わしい取引の参考事例」に関する次の記述のうち、最も適切なものはどれか。

1）３人組の一見のグループが同時に来店し、別々の店頭窓口で多額の外国為替取引を依頼したが、それぞれの店頭窓口で顧客ごとに適切な取引時確認を実施した場合、疑わしい取引に該当する可能性のある取引として注意を払う必要はない。

2）金融機関等の役職員は、マネロン・テロ資金供与対策の重要性を十分認識していることから、疑わしい取引の監視対象人物には該当しない。

3）偽造通貨や盗難通貨によって入金が行われた取引で、当該取引の相手方が、当該通貨が偽造・盗難されたものであることを知っている疑いがあると認められる場合、疑わしい取引に該当する可能性のある取引として注意を払う必要がある。

4）疑わしい取引の届出を行わないように強要する、または買収するなどの手段を図った顧客との取引は、疑わしい取引を届け出るべきかを検討する対象となりうるが、単に疑わしい取引の届出を行わないように依頼するだけでは、疑わしい取引に該当する可能性のある取引とはならない。

・解説と解答・

1）不適切である。金融庁が公表している「疑わしい取引の参考事例」における「その他の事例」として、「複数人で同時に来店し、別々の店頭窓口担当者に多額の現金取引や外国為替取引を依頼する一見の顧客に係る取引」が挙げられているため、疑わしい取引に該当するかどうかの検討が必要である。

2）不適切である。金融庁が公表している「疑わしい取引の参考事例」における「その他の事例」として、「自行職員又はその関係者によって行われる取引であって、当該取引により利益を受ける者が不明な取引」や「自行職員が組織的犯罪処罰法第10条（犯罪収益等隠匿）又は第11条（犯罪収益等収受）の罪を犯している疑いがあると認められる取引」が挙げられているため、金融機関等の役職員が行う取引であっても、疑わしい取引に該当するかどうかの検討が必要である。

3）適切である。金融庁が公表している「疑わしい取引の参考事例」における「その他の事例」として、「偽造通貨、偽造証券、盗難通貨又は盗難証券により入金が行われた取引で、当該取引の相手方が、当該通貨又は証券が偽造され、又は盗まれたものであることを知っている疑いがあると認められる場合」が挙げられている。

4）不適切である。金融庁が公表している「疑わしい取引の参考事例」における「その他の事例」として、「取引の秘密を不自然に強調する顧客及び届出を行わないように依頼、強要、買収等を図った顧客に係る取引」が挙げられているため、疑わしい取引に該当するかどうかの検討が必要である。
なお、金融庁が公表している「疑わしい取引の参考事例」における「その他の事例」は以下のとおり。

・公務員や会社員がその収入に見合わない高額な取引を行う場合
・複数人で同時に来店し、別々の店頭窓口担当者に多額の現金取引や外国為替取引を依頼する一見の顧客に係る取引
・取引時確認が完了する前に行われたにもかかわらず、顧客が非協力的で取引時確認が完了できない取引。例えば、後日提出されることになっていた取引時確認に係る書類が提出されない場合。代理人が非協力的な場合も同様とする
・顧客が自己のために活動しているか否かにつき疑いがあるため、実質的支配者その他の真の受益者の確認を求めたにもかかわらず、その説明や資料提出を拒む顧客に係る取引。代理人によって行われる取引であって、本人以外の者が利益を受けている疑いが生じた場合も同様とする
・法人である顧客の実質的支配者その他の真の受益者が犯罪収益に関係している可能性がある取引。例えば、実質的支配者である法人の実体がないとの疑いが生じた場合
・自行職員またはその関係者によって行われる取引であって、当該取引により利益を受ける者が不明な取引
・自行職員が組織的犯罪処罰法10条（犯罪収益等隠匿）または11条（犯罪収益等収受）の罪を犯している疑いがあると認められる取引
・偽造通貨、偽造証券、盗難通貨または盗難証券により入金が行われた取引で、当該取引の相手方が、当該通貨または証券が偽造され、または盗まれたものであることを知っている疑いがあると認められる場合
・取引の秘密を不自然に強調する顧客および届出を行わないように依頼、

強要、買収等を図った顧客に係る取引
・暴力団員、暴力団関係者等に係る取引
・職員の知識、経験等からみて、不自然な態様の取引または不自然な態度、動向等が認められる顧客に係る取引
・資金の源泉や最終的な使途について合理的な理由があると認められない非営利団体との取引
・口座開設時に確認した非営利団体の活動内容等と合理的な関係が認められない国・地域または第三者への送金取引
・送金先、送金目的等について合理的な理由があると認められない外国PEPsとの取引
・財産や取引の原資について合理的な理由があると認められない外国PEPsとの取引
・腐敗度が高いとされている国・地域の外国PEPsとの取引
・国連腐敗防止条約やOECD外国公務員贈賄防止条約等の腐敗防止に係る国際条約に署名・批准していない国・地域または腐敗防止に係る国際条約に基づく活動に非協力的な国・地域に拠点を置く外国PEPsとの取引
・技能実習生等外国人の取引を含め、代理人が本人の同意を得ずに給与受取目的の口座開設取引を行っている疑いが認められる場合
・公的機関などの外部から、犯罪収益に関係している可能性があるとして照会や通報があった取引等

正解　3）

7－21　疑わしい取引の参考事例（その他の事例②）

《問》金融庁が公表している「疑わしい取引の参考事例」等に照らした、疑わしい取引への対応に関する次の記述のうち、最も適切なものはどれか。

1）毎日、同じ同行者と貸金庫を利用している貸金庫契約者は、その同行者から指示を受けているように見受けられたが、契約上、貸金庫に預けているものを確認することはできず、また、顧客に関する本人特定事項の確認は適切に完了していることから、特段の対応は行わなかった。

2）既に預金口座を持つ公務員が来店し、新たに別の口座開設を申し出た。取引目的は、既存口座と同じ「給与受取」と記載があったが、特段不審なところは感じなかったため、本人特定事項の確認等を行い、預金口座を開設した。

3）海外からの実習生が預金口座を開設したが、実習終了後の帰国時に当該預金口座を解約せず、不法に第三者に譲渡するケースが認められた場合、その後の同様の事例については、一律に口座開設を謝絶することなく、母国語による資料等を活用し、預金口座の譲渡が不法行為であることなどを預金口座開設時に説明するよう努めた。

4）顧客の預金口座において頻繁な入出金が発見され、当該顧客に確認したところ、知人に頼まれて口座を貸していた事実が判明したため、当該顧客に対して、注意の意味も含め、疑わしい取引に該当することおよび疑わしい取引の届出を行った旨を伝えた。

・解説と解答・

1）不適切である。金融庁が公表している「疑わしい取引の参考事例」にある、「頻繁な貸金庫の利用」かつ「貸金庫の真の利用者を隠匿している可能性」に該当する可能性があることから、疑わしい取引の届出について検討すべきである。

2）不適切である。金融庁が公表している「疑わしい取引の参考事例」には直接の記載はないが、給与受取という同一の目的でありながら、なぜ複数の口座が必要なのかについては、健全な懐疑心を持って顧客に確認すべきであり、状況により、疑わしい取引の届出についても検討する必要がある。

3）適切である。このような顧客との対応において、合理的な理由がないまま、全顧客を一律に謝絶することは避けるべきである。金融システムに犯罪の要素が入り込むことを防ぐことは喫緊の課題である一方、それを防ぐ手立てが必要以上に過度なものとなることによって、本来の金融サービスを正当な理由で享受できる人々まで除外してしまうことは避けるべきである。

4）不適切である。犯罪収益移転防止法８条３項では、特定事業者は、疑わしい取引の届出を行おうとすることまたは行ったことを当該疑わしい取引の届出に係る顧客等またはその者の関係者に漏らしてはならないとしている。

正解　3）

7－22　疑わしい取引の参考事例（その他の事例③）

《問》金融庁が公表している「疑わしい取引の参考事例」等に照らした、疑わしい取引への対応に関する次の記述のうち、最も適切なものはどれか。

1）月々の保険料支払が遅れている法人契約を有する会社から、延滞している保険料を全額支払い、かつ10年分の保険料を現金で前納したいと申出があった。代表取締役に事情を聴いたところ、詳細については話を聞けなかったが、既契約法人であるため、疑わしい取引の届出を検討せず、申出を受けることにした。

2）企業の人事担当者から、従業員の福利厚生のため、生命保険に入りたいと新規の申出を受けた。生命保険会社の営業担当者が当該企業を訪問したところ、事務所はマンションの一室で、事業を行っている様子もなかったが、当該企業は優良取引先からの紹介であったため、疑わしい取引の届出を検討せず、申出を受けることにした。

3）法人の代表者から総合福祉団体定期保険に加入したいとの申出を受けた。保険料は１年分の一括払いが希望であり、保険料の試算を求められたが、早期に解約した場合に返金となる未経過保険料の試算も合わせて求められた。現実に早期に解約するかは未定であるため、疑わしい取引の届出を検討せず、申出を受けることにした。

4）公務員である既存顧客から一時払いの生命保険契約の申出を受けた。生命保険会社の営業担当者は、顧客の収入に見合わない高額な保険契約であると考え、取引時確認において資金の出所を聞いたところ、相続により取得した資金であることが判明し、かつ、支払は銀行振込であることを確認したため、申出を受けることにした。

・解説と解答・

1）不適切である。金融庁が公表している「疑わしい取引の参考事例」における「多額の現金（外貨を含む）又は小切手により、保険料を支払う契約者に係る取引。特に、契約者の収入、資産等に見合わない高額の保険料を支払う場合」に該当する可能性がある。

2）不適切である。金融庁が公表している「疑わしい取引の参考事例」における「法人である顧客の実質的支配者その他の真の受益者が犯罪収益に関係している可能性がある取引。例えば、実質的支配者である法人の実体がないとの疑いが生じた場合」に該当する可能性がある。
3）不適切である。金融庁が公表している「疑わしい取引の参考事例」における「経済合理性から見て異常な取引。例えば、不自然に早期の解約が行われる場合」に該当する可能性がある。
4）適切である。

正解　4）

2024年度版
AML／CFTスタンダードコース試験問題集

2024年６月６日　第１刷発行

編　者　一般社団法人金融財政事情研究会
検定センター
発行者　加藤　一浩

〒160-8519　東京都新宿区南元町19
発　行　所　一般社団法人 金融財政事情研究会
販 売 受 付　TEL 03(3358)2891　FAX 03(3358)0037
URL https://www.kinzai.jp

本書の内容に関するお問合せは、書籍名およびご連絡先を明記のうえ、FAXでお願いいたします。　お問合せ先　FAX 03(3359)3343

本書に訂正等がある場合には、下記ウェブサイトに掲載いたします。
https://www.kinzai.jp/seigo/

印刷：三松堂株式会社

ISBN978-4-322-14534-2